KB034640

함께 있어도 외로운 사람을 위한 심리수업

함께 있어도 외로운 사람을 위한 심리수업

관계에 힘겨운 당신이 이 세상과 잘 지내는 방법

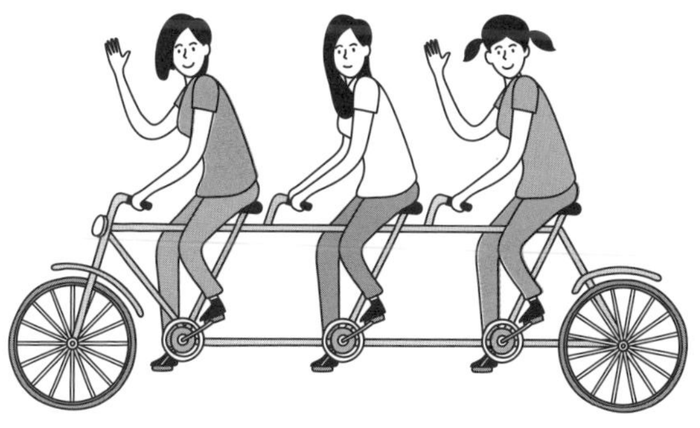

레몬심리 지음 | 박영란 옮김

미래북
miraebook

서문

우리는 왜 다른 사람과 교제해야 할까?

남에게 의지하지 않고 혼자서 이 세상을 살아갈 수 있을까?

과연 가족이나 친구 없이도 혼자 충분히 즐거울 수 있을까?

내 대답은 당연히 'No'다.

우리는 태어나면서부터 한 집단에 속하는데, 이것이 바로 가족이다. 나중에 학교에 가면서 많은 선생님과 친구를 만나게 되고, 사회생활을 시작하면서 직장 선배와 동료를 만나게 된다. 그리고 또 시간이 흘러 가정을 이루면 배우자와 아이가 생긴다. 과연 어떤 면에서 우리가 혼자서 삶을 지탱해갈 수 있다고 생각하는가?

고대 그리스의 철학자 아리스토텔레스Aristotle는 이렇게 말했다.

"인간은 사회적 동물로서, 사회적 집단에 속하지 않고 무리를 떠나 홀로 지내는 인간은 없다. 인간에게는 끊임없이 다른 사람과 함께 어울리며 상호작용을 하고, 그를 통해 자신의 존재를 확인하고자 하는 특성이 있다. 그러므로 인간은 개인으로 존재하고 있어도 혼자 살 수는 없다."

우리는 사회적 동물이기 때문에 본능적으로 타인과의 교류를 갈망하고 버려지는 것을 두려워한다. 아무도 나를 이해해주지 않고 사랑해주지 않는다면, 심지어 말을 나눌 사람조차 없다면 얼마나 우울하고 고통스러울까? 생각만 해도 끔찍하다.

미국의 심리학자 에이브러햄 매슬로Abraham Maslow가 1842년에 발표한《인간 동기의 이론A Theory of Human Motivation》에 의하면, 인간에게는 평생 동안 충족하고자 하는 다섯 가지 욕구가 있다고 한다. 가장 기본적인 생리적 욕구부터 안전의 욕구, 애정과 소속의 욕구, 존경의 욕구, 마지막으로 자아실현의 욕구가 그것이다.

여기서 말하는 사랑과 소속의 욕구가 바로 인간관계와 관련이 있다. 말하자면 사회적 욕구라고 할 수 있다. 가장 기본적인 생리적 욕구와 안전의 욕구가 충족된 후에는 사회적 욕구가 우리의 강력한 동기가 된다.

우리는 다른 사람과 친해지기를 바라고, 그들로부터 신뢰와 호감을 얻길 기대하며, 관심과 사랑을 갈망하게 된다. 그러나

이 모두를 충족시키는 일은 결코 간단하지 않다. 다음과 같은 고민에 빠질 수 있다.

- 아무도 나를 좋아하지 않는다면 마음속 불안을 어떻게 해소할 수 있을까?
- 내성적이고 말주변도 없는데, 어떻게 해야 다른 사람의 신뢰와 호감을 얻을 수 있을까?
- 다른 사람을 실망시키고 싶지 않다는 마음에서 온갖 요구사항을 다 들어주는 게 맞는 걸까?
- 어떻게 하면 싫어하는 사람 앞에서 평정심을 잃지 않고 원만한 관계를 유지할 수 있을까?
- 평소 관심 있던 주제와 관련된 대화가 한창인데, 자연스럽게 대화에 끼어드는 방법은 없을까?

혹시 이미 이와 같은 문제로 어려움을 겪고 있는가? 그렇다면 이 책을 통해 당신의 걱정을 단번에 해소할 수 있다. 레몬심리 시리즈의 두 번째 책 《함께 있어도 외로운 사람을 위한 심리수업》은 무미건조한 이론만 나열하지 않는다. 인간관계에서 발생하는 다양한 상황 속에서 우리가 실제로 어떻게 대처하고, 어떻게 생각해야 하는지 생활밀착형 언어로 가르쳐

준다. 새로운 관계를 만들고, 주저했던 관계에 용기를 내고, 나 자신과도 잘 지내는 데 분명 큰 도움이 될 거라고 자신한다.

외딴섬처럼 홀로 있는 사람은 아무도 없다. 누군가는 나에게 미소를 지어 보인다. 마음 깊숙이 드리운 인간관계에 대한 두려움을 극복하고, 자신을 발견하고 사랑한다면 더 나은 자신을 만날 수 있다.

CONTENTS

02 호감을 내 편으로 만드는 연습

03 마음을 태도에 담아내는 사람에게 끌린다

04 알면 알수록 매력적인 사람이 되는 방법

05 나를 지키고 내 밥그릇도 지키는 기술

함께 있어도 외로운 사람을 위한 심리수업 1

인간관계를 두려워하는 내가 싫어!

지금까지 당신이 외딴섬처럼 홀로 있었다면,
과감히 그 섬을 떠나 다른 곳으로 건너가보자.
당신이 지닌 다정함을 다른 사람에게 건넨다면
분명 그와 같은 다정함이 돌아올 것이다.

인간관계를 두려워하는 내가 싫어!

외딴섬에 홀로 있는 당신에게

오랜만에 나간 동창회에서 친구들은 시끌벅적 인사를 나누고 한창 회포를 풀고 있을 때, 당신은 무엇을 하고 있는가? 친구들 무리에 섞여 즐거운 시간을 보내고 있는가? 아니면 조용히 구석에 앉아서 아무렇지 않은 척, 휴대폰만 만지작거리며 시간을 보내고 있는가?

여러 사람이 함께 있는 메신저 단체채팅방, 당신은 모든 사람에게 정신없이 말을 걸어서 신나게 대화를 나누는가, 아니면 내내 말 한마디 없이 있으면서 행여나 누가 내 얘기를 꺼내지는 않는지 눈치를 보는가?

길을 가다가 아는 사람을 만났을 때 반갑게 가서 인사를 하는가, 아니면 잠깐 망설이다가 빠른 걸음으로 못 본 척 지나쳐 버리는가?

꼭 참석해야 하는 저녁 모임이 있다면 한껏 꾸미고 자신감 넘치는 모습으로 참석하겠는가, 아니면 망설이다가 이런저런 핑계를 대고 참석하지 않겠는가?

내 주변에는 인간관계를 두려워하는 사람들이 있다. 대부분 혹여나 다른 사람들의 눈에 자신이 이상하게 비치지 않을까 매사에 조심스러운데, 그것이 항상 그 자신을 사회적으로 고립시키고 만다. 그렇게 인간관계의 기회가 사라지고 나면 후회와 괴로움을 거듭하며, '이토록 소심하지 않았다면 기회를 잡았을 텐데'라는 생각에서 헤어 나오지 못한다. 하지만 다음 기회가 왔을 때 또다시 두려움과 망설임에 휩싸여, 누군가와 관계를 맺을 기회를 놓치는 악순환을 끊어내지 못한다.

어느새 마음속에는 자책, 자기혐오 등의 부정적인 감정만 남아 있다. 매번 이와 같은 실패를 반복하던 친구가 나에게 후회 가득한 목소리로 말했다.

"사람들을 만나는 게 왜 이렇게 두려운 거지, 이런 내가 정말 싫어."

나이가 들수록 사람을 상대하는 일이 점점 어렵다는 이들이 많다. 위에서 말한 몇 가지 예시도 누구나, 어디서든 마주할 수 있는 상황이다. 이미 사회에 발을 들여놓은 우리는 '공부만 열심히 하고, 세상사에는 전혀 관심 없던' 학생 때처럼 살 수 없다. 일, 돈, 관계, 사회, 책임 등 스스로 생각하고 결정해야 할 것이 많아진다. 여기서 특히 인간관계는 필수적이고 그 중요도가 높다. 그런데 어째서인지, 내게는 인간관계를 잘하는 능력 같은 건 없는 듯싶다. 이런 중요한 능력이 왜 나에겐 없는 걸까? 주위를 둘러보면, 남들은 곧잘 하는 것 같은데 나만 형편없어 보일 수 있다.

하지만 이런 능력을 타고난 사람보다는 후천적으로 키우고 단련하는 사람이 훨씬 더 많다. 그런 의미에서 당신에게 다음 몇 가지를 당부하고 싶다.

당신이 다른 사람과의 교제를 두려워한다고 해서 함부로 자신에게 '사형선고'를 내리지 말라. 앞으로 평생 다른 사람들처럼 말주변이 좋고 누구에게나 환심을 사지 못한다고 해도 자신을 부정하거나 무시해서는 안 된다. 특히 당신의 의견을 표현해야 하는 중요한 자리에서라면 더욱 자신을 믿어야 한다. 항상 스스로에게 용기를 북돋아줄 수 있는 말을 해주자.

"나는 할 수 있어. 내가 최고야!"

어느 모임에서든 평소 당신이 관심을 갖고 있던 이슈가 나오면, 먼저 심호흡을 한 후 용감하게 자신의 생각을 말해보자. 비록 완벽하진 않더라도, 그러한 시도만으로 생각지 못한 수확이 있을 수 있다. 이를 계기로 당신과 같은 생각을 가진, 뜻이 맞는 친구를 만날 수도 있다. 그러니 자신에 대한 믿음을 저버리면 안 된다. 한번 생각해보자. 자기 자신조차 싫어하는 사람을 누가 좋아하겠는가?

당신은 자신에게 주는 스트레스를 줄여야 한다. 인간관계를 두려워하는 사람은 자신에 대한 요구치가 너무 높은 경우가 많다. 매사에 항상 최선을 다하려고 하지만, 오히려 그것이 스트레스와 긴장, 초조함 같은 부정적인 감정이 발생하는 원인이 돼버린다. 견디다 견디다 순간적으로 이성을 잃고 예상치 못한 행동을 보일 수도 있다.

나는 당신이 너무 자신을 혹독하게 몰아가지 않았으면 좋겠다. 모든 일에 완벽하면 성인군자다. 우리처럼 속세에 사는 평범한 사람은 자신의 삶을 살 뿐이다. 모든 인간관계의 목적은 자신을 드러내고 함께 행복하게 살아가기 위함이지, 정해진 패턴이나 기준 따윈 없다. 노력하고, 시도하고, 최선을 다한다면 다른 사람이 당신의 성의와 신뢰를 충분히 느낄 수 있을 것이다.

매일 시간을 정해서 자신을 채워나가라. 폭넓은 독서를 통해 책 속에 숨겨진 '귀한 보물'을 발견할 수 있다. 책 속에는 삶의 다양한 모습과 사람들의 생각이 담겨져 있다. 그를 통해 섭취한 양분을 자신의 경험으로 전환시켜 보자. 책 속의 사례와 나를 비교해보면서 과거의 인간관계 속에서 저지른 실수는 없었는지, 어떤 방법이나 언어적 기교를 써야 하는지도 배울 수 있다. 이런 노력이 있어야만 인간관계를 잘할 수 있는 것이다.

지금까지 당신이 외딴섬처럼 홀로 있었다면, 과감히 그 섬을 떠나 다른 곳으로 건너가보자. 그리고 당신이 지닌 다정함을 다른 사람에게 건넨다면 분명 그와 같은 다정함이 돌아올 것이다.

인간관계를 두려워하는 내가 싫어!

볼 빨간 사춘기도 아닌데 낯을 가린다

요즘 들어서 부쩍 이런 내용의 질문이 많이 달린다. '낯을 가리는 편인데, 어떻게 하면 인간관계를 잘 맺을 수 있을까요?' 사람들과 대면하는 자리에 가면 자기도 모르게 얼굴이 붉어지고, 긴장해서 몸이 굳고, 심지어 말실수를 하는 것은 일부 사람들에게만 해당되는 현상이 아니다. 만약 당신도 같은 고민을 하고 있다면, 자신의 마음을 다스리는 방법을 공부할 필요가 있다.

낯가림은 다른 사람의 눈에 비친 자신의 모습에 지나치게 민감하다는 증거다. 사춘기에 '자아'를 발견한 이후로 우리는 점점 '나'에 대한 타인의 평가에 신경을 쓰게 된다. 다른 사람이 나를 어떻게 생각하는지, 혹시 나쁜 이미지가 형성돼 있지는 않은지 자꾸 신경 쓰다 보니, 벌써 누군가를 만나기만 해도 어색하고, 긴장되고, 심하면 눈도 제대로 마주치지 못하는 것이다.

사실 다른 사람의 인정과 칭찬을 바랄수록 자신이 실수할까봐 걱정하게 된다. 하도 조심하려다 보니 정신이 없고 말도 더듬게 된다. 그러다 오히려 실수를 해서 사람들의 웃음거리가 되고, 모든 일에 더욱 긴장하게 된다. 이 악순환은 스스로 극복하지 못하면, 자신감을 완전히 상실할 때까지 계속 반복되고, 결국 사람들 앞에서 자신을 표현하는 것이 거의 불가능한 상태가 돼버리고 만다.

여기서 잠깐, 한 가지 방법을 알려주자면, 자신이 말해야 하는 순간에는 '말실수를 하지는 않을까', '다른 사람들은 내 말을 어떻게 받아들일까'라는 생각을 하지 않는 것이 좋다. 그것보다는 말하는 내용 자체에 집중하고, 그 외에 것은 머릿속에서 떨쳐버려라. 생각해야 할 순간은, 말을 마치고 난 뒤다. 어떤 점이 부족했는지, 어떤 점을 보완해야 하는지 되짚어보면, 다음에 더 잘 대처할 수 있다. 예를 들어, 말의 물꼬를 어떻게 텄는지, 횡설수설 빠르게 말하지는 않았는지, 도중에 다른 사람들과 눈을 마주쳤는지 등이다.

내가 한 말이 모든 사람에게 인정받지 못했다는 느낌을 받더라도 낙담하지 않아야 한다. 거기에 사로잡히는 건 전혀 도움이 되지 않는다. 그보다는 그 원인을 찾아보자. 다른 사람과의 의견이 맞지 않을 때일수록 소통이 필요하다. 서로 다른 생각을 인정하고 공유해보는 것이다. '나는 말을 잘 못해'라는 생각 때문에 무조건 다른 사람의 관점을 받아들일 필요는 없다. 다른 사람의 비판 때문에 자기 자신을 의심할 필요는 더더욱 없다.

다른 사람의 생각이 반드시 옳은 것은 아니다. 자신만의 관점을 가지고 분별력을 끊임없이 향상시켜야 한다. 다른 사람의 관점 중에 좋은 점은 스스럼없이 배우고, 자신의 관점이 더 좋다면 계속 밀고 나가면 된다.

그렇다면 분별력은 어떻게 높일 수 있을까? 지금 당장 시작할 수 있는 방법들을 알아보자.

첫째, 독서를 많이 해라. '학문적 기질을 갖춘 사람은 자연스럽게 빛이 난다腹有詩書氣自華'는 말처럼, 독서는 읽는 사람의 이미지를 바꾸고 자신감을 높여준다. 여러 사람 앞에서 말할 때 자신이 없어지는 근본적인 이유는, 당신조차도 자신이 말한 내용에 대해 확신이 없고, 자신의 관점이 정확한지 아닌지 의심하기 때문이다. 이런 어려움은 독서를 통해 충분히 보완할 수 있다. 독서량이나 수준이 어느 정도 축적되면, 시야가 넓어지면서 자기 나름대로의 이해와 창의성을 갖게 된다. 그때의 당신은 이미 누구의 관점이 더 객관적이고 주관적인지 분별할 수 있어서 더 이상 맹목적으로 따라가지 않는다. 이는 당신의 인간관계에 아주 큰 영향을 미친다.

둘째, 만 리를 걸어라. 실천은 언제나 가장 중요한 단계다. 관계의 어려움을 혼자 방 안에서 타파할 수는 없다. 우선 밖으로 나가보자. 낯선 사람과 인사하고 대화하는 기회를 적극적으로 찾아야 한다. 그러면서 사람들 앞에서 말하는 기술을 연습하고, 천천히 자신의 의견을 능동적으로 표현하는 용기를 단련하는 것이다. 하지만 한편으로는 당신이 '하루아침에 다른 사람이 될 수 있다'는 기대감이 너무 큰 나머지, 오히려 지나친 스트레스를 받을까봐 걱정스럽기도 하다.

'석 자 얼음이 하루 추위에 생긴 것은 아니다冰凍三尺, 非一日之寒'라는 말처럼 하루아침에 이룰 수 있는 것은 없다. 모두 오랜 세월을 거쳐 이루어진 결과라는 것을 알아야 한다. 작은 물방울이 끊임없이 떨어지다 마침내 돌을 뚫듯이 모든 것이 자연스럽게 이루어질 것이다.

한 가지 착각하기 쉬운 사실은, 낯을 가린다고 해서 그 사람이 꼭 내성적인 성격은 아니라는 것이다. 외향적인 사람이라도 얼마든지 낯을 가릴 수 있다. 내성적인 것도, 외향적인 것도 사람의 성격일 뿐이다. 각각의 장점과 나름의 한계가 있기 때문에 어느 쪽이 좋다는 식으로 우열을 가릴 수 없다. 외향적인 사람은 솔직하고 활기차다. 내성적인 사람은 차분하고 신중하다. 나는 낯을 가리는 당신이 변하길 바라지만, 그렇다고 해서 당신이 지닌 장점까지 전부 변해야 한다는 말은 아니다.

또한, 혹시라도 당신처럼 낯가림이 심하고 부끄러워하는 사람이 주변에 있다면, 그가 노력하고 애쓸 때 다정하게 대해주고, 격려의 미소를 보내주길 바란다. 미소와 친절은 무한한 힘을 가지고 있어서 타인의 신뢰를 얻고 인간관계의 초석을 다지는 데 큰 역할을 한다.

인간관계를 두려워하는 내가 싫어!

상대방에게 맞춰주는 게 이미 습관이 되어버렸다면

당신에게도 이런 경험이 있을지 모르겠다. 친구와 함께 식사할 때 메뉴가 썩 마음에 들지 않아도 그냥 상대방의 선택을 따르거나, 친구가 같이 쇼핑하러 가자고 할 때 컨디션이 좋지 않은데도 무리해서 따라가거나. 당신은 이런 상황에서 어떻게 반응하는가? 혹시 단순하게, 굳이 거절할 이유가 없다고 생각해서 상대방이 하자는 대로 따라주는 편인가? 그렇다면 당신은 '상대방에게 맞춰주는 게 습관이 된 사람'이다.

'상대방에게 잘 맞춰주는 사람'의 일상을 들여다보면 나름의 이유를 찾을 수 있다. 그들이 지닌 특징을 세 가지로 추려서 이야기해보자면 다음과 같다. 먼저, **마음이 섬세하고 다른 사람보다 뛰어난 통찰력을 가졌다.** 그들은 예리한 관찰력으로 다른 사람의 욕구를 캐치할 수 있다. 하지만 세심함이 지나쳐 자신의 욕구보다 다른 사람의 욕구에 이입해버린다. 그래서 차라리 자신이 억울하거나 힘들어지더라도 다른 사람이 원하는 바를 들어줘야 마음이 편하다.

또, **다른 사람에게 부담 주는 것을 꺼린다.** 자신의 기대와 욕구를 표현했을 때 거절당하거나 부담스러워 하는 상황을 회피하고 싶어 한다. 마지막으로, **충돌을 두려워한다.** 다른 사람의 반대와 그로 인한 충돌이 두려워 먼저 타협하려고 한다.

우리는 '상대방에게 잘 맞춰주는 사람'에 대해 타인을 위해 자신을 희생하고, 기꺼이 봉사하는 사람으로 여길 때가 많다. 하지만 자세히 들여다보면 그들의 내면 깊은 곳에는 언제나 '내가 잘해야 저들도 내게 잘해주지', '그들이 원하는 사람이 되어야 나를 사랑할 거야', '다른 사람의 욕구를 먼저 충족시켜줘야 내가 원하는 결과를 얻을 수 있어'라는 목소리가 들려온다. 궁극적인 목적은 다른 사람의 관심과 사랑을 얻는 데 있는 것이다.

안타깝지만 제아무리 상대방의 비위를 맞춰주고 요구를 들어준다고 해도, 상대방은 그에 상응하는 관심과 사랑을 주지 않는다. 이미 습관이 되어버린 사람은 이 사실을 깨닫는 데까지 많은 시간이 걸린다. 나중에 억울하고 분해도 소용없다. 그렇다면 어떻게 이 악순환의 고리를 끊어낼 수 있을까?

첫째, 자신을 위해 충분한 시간을 가져라. 만일 자신이 '상대방에게 잘 맞춰주는 사람', '상대방의 환심을 사려고 애쓰는 사람'이라면, 스스로의 성향을 이해하고 인정해야 한다. 자신이 어떤 상황에서 이러한 성향을 드러내는지 면밀하게 살펴보고, 그 대상과 방식 등을 진지하게 따져봐야 한다. 모든 일에는 순서가 있다. 그에 따라 점차 발전하는 과정이 무엇보다 중요하기에, 단 며칠 만에 자신을 변화시킬 수 있다고 기대하지는 말라. 자기 자신을 충분히 이해하는 것에서부터 차근차근 변화해보자.

둘째, 강한 자신감을 가져라. 스스로에게 자신감이 있어야 다른 사람의 시선과 칭찬에 크게 연연하지 않는다. 즉, '다른 사람의 환심을 사는 것'으로 자신의 성취감을 채우지 않는다. 자신감을 키울 수 있는 가장 쉬운 방법은 다음과 같다. 즐길 만한 취미나 몸을 단련할 수 있는 운동을 찾아 꾸준히 해보는 것이다. 사소한 무엇이라도 꾸준히 지속하면, 강한 성취감으로 돌아온다. 스스로를 성장시키고 자신감을 더욱 높이는 최고의 동력이 될 것이다.

셋째, 자신의 욕구에 '의식적으로' 주목하라. 그동안 상대방에게 무조건 맞춰줄 수 있었던 것은, 자신이 불편해도 상대방의 요구를 거절하고 싶지 않아서 무리했기 때문이다. 또한, 스스로가 욕심이 없다며, 욕구를 모른 척해버리기도 했을 것이다. 사람은 좋아하는 것, 싫어하는 것, 목표로 하는 것 등 자신에 대한 기대와 욕구, 취향이 분명히 있다. 그런 자신의 욕구를 억누르고 산다면 언제 터질지 모르는 시한폭탄을 안고 사는 것과 다름없다.

중요한 건 나의 욕구다. '친구가 떠나면 어쩌나, 가족이 책망하면 어쩌나' 하는 걱정은 과감히 잘라버려야 한다. 그들의 입장에서 그들을 이해하되, 자신의 솔직한 생각을 용기 있게 표현해야 한다. 서로 다른 점은 인정하면서 공동의 이익을 추구한다는 '구동존이求同存異'라는 말처럼 의견차이는 다른 방식으로 얼마든지 해결할 수 있다.

넷째, 평등한 관계를 기억하라. 앞서 '상대방에게 잘 맞춰주는 사람'은 항상 다른 사람을 만족시키지만, 정작 자신이 갈망하는 관심과 사랑은 충족시키지 못한다고 말했다. 인간관계는 등가 교환이 불가능하다. 내가 아무리 많이 준다고 해도, 똑같이 받을 수 없다. 따라서 누군가와 교제를 할 때는 처음부터 서로 평등한 관계를 이루는 것이 좋다. 누구에게나 다른 사람을 도울 이유도, 거절할 이유도 있다. 당신이 거절했을 때 상대방이 탓한다면, 그 관계의 저울이 어느 쪽으로 기울었는지 살펴보고 조치해야 한다.

반짝반짝 빛나야 하는 우리의 인생이 '상대방의 환심을 사기' 위해 의미를 잃어버리지 않도록 지금부터라도 바꿔나가자.

인간관계를 두려워하는 내가 싫어!

당신은 '수동적 아웃사이더'인가?

다른 사람이 주고받는 대화의 주제가 평소 관심 있던 내용인데도 쉽게 끼어들지 못한다.

사람들과 어울리고 싶지만 항상 아웃사이더가 되어버리고 만다.

혹시라도 주변에 이런 사람이 있는가? 아니면 당신이 이런 사람인가?

살다 보면 말을 못하는 게 아니라 단지 적당한 때를 찾지 못해서 괴로워하는 사람들을 볼 수 있다. 그들은 대화에 끼고 싶은데, 혹시라도 자기가 한 말이 '재미가 없어서' 듣는 사람이 싫어하지 않을까 하는 두려움에 사로잡혀 있다. 그래서 항상 속으로 자기가 할 말을 수없이 줄이고 수정하는 과정을 반복하고, 심지어 문장부호의 위치까지 치밀하게 계산한다. 그렇게 말할 차례가 오기를 기다리다 보면, 너무 오랫동안 고민한 나머지, 주제가 언제 바뀌었는지도 알아채지 못한다.

어떤 대화든 위와 같은 과정은 늘 반복된다. 대화가 끝나면 무참히 밀려드는 소외감에 크게 낙담하고 만다. 이런 사연을 모르는 다른 사람들은 그저 말이 없는 사람이라고 생각해버린다. 이런 사람들을 '수동적 아웃사이더'라고 하는 것이다.

왜 대화에 좀처럼 끼어들지 못하는 걸까? 왜 결국 수동적 아웃사이더가 되어버리는 걸까? 그 근본적인 원인은 바로 '평가를 두려워하는 것'에 있다. 예를 들어, '내가 말할 내용이 재미가 없으면 어떡하지?', '지금 말하면 대화의 흐름만 끊을 수 있으니까, 조금 더 기다렸다가 해야겠다', '이렇게 말하면 사람들이 부정할지도 몰라'라는 생각에 내내 발목을 잡히는 것이다.

수동적 아웃사이더는 말하기 전부터 항상 자신의 생각을 차단하고 스스로를 옭아맨다. 그렇게 혼자만의 모노드라마에서 발언의 기회를 하나둘씩 놓치고 만다. 수동적 아웃사이더에서 벗어날 수 있는 방법에는 어떤 것이 있을까? 아래 세 가지

항목부터 시작해보도록 하자.

첫째, 대화의 규칙을 파악하자. 대화에 참여하지 못하는 이유는 대화의 규칙을 제대로 이해하지 못했기 때문인 경우가 많다. 사람은 각자 말하는 스타일이 다르다. 말과 말 사이의 간격도 다른데, 그 간격이 비교적 짧은 사람이 대체로 말할 기회를 많이 얻는다. 따라서 세 사람 이상이 모여 대화를 할 때는, 상대방의 대화 규칙에 어떻게 적응하면 좋을지 고민해보면 좋다. 우선 상대방이 어떻게 말하는지 그 형식과 내용, 용어, 말투 등을 통해 상대방이 말하고 싶은 바가 무엇인지, 어느 시점에서 어떤 반응을 기대하는지 알아낼 수 있다. 대화의 리듬을 파악하는 것이다.

둘째, 자신의 욕구에 주목하자. 상대방의 대화 규칙이나 대화 주제에 대해 적응하는 것도 중요하지만, 이 과정에서 반드시 기억해야 할 것이 있다. 언제나 당신의 감정이 다른 사람의 견해나 평가보다 훨씬 중요하다는 것이다. 자신의 생각과 감정을 표현하지 않고 긴밀한 관계를 이룰 수는 없다. 망설여지더라도 용기를 내야 한다. 먼저 가장 간단한 자기표현부터 시작해보면 어떨까?

"네 말도 일리가 있다고 생각해. 하지만 나는……."

셋째, 자신의 본모습을 받아들이자. 모든 사람이 꼭 화제의 중심에 설 필요는 없다. 만약 계속 대화에 끼어들려고 시도하고, 사람들과 어울리려고 노력해봤는데도 적응이 되지 않고 힘들다면 굳이 할 필요 없다. 어느 쪽이든 계속해서 자신을 부정하고 받아들이지 않으면, 끔찍한 악순환에 빠져들고 만다. 말하는 쪽보다 듣는 쪽이 좋다면, 그것도 나쁘지 않다. 어쨌든 이 세상은 말하는 사람이 너무 많고, 듣는 사람은 너무 적기 때문이다.

다만, 내 생각이 부정당하거나 다른 사람의 평가는 받고 싶지 않기 때문에 아예 입을 다물어버린다면, 점점 모두가 나를 신경 쓰지 않게 되어버린다. 내 생각과 감정을 말하지 않아도 먼저 알아주는 사람은 없다. 결국 상처받는 건 나 자신이다.

인간관계를 두려워하는 내가 싫어!

나의 진짜 속마음은 항상 따로 있어

당신은 개인적으로 A 동료를 무척 싫어하지만, 평소에는 겉으로 티 내지 않고 자연스럽게 잘 지내는 편이다.

다들 배우 B군의 외모가 얼마나 잘생겼는지 예찬하는데, 당신은 속으로 B군의 외모가 이보다 평범할 수 없다고 생각한다. 그래도 대화에 끼기 위해 좋아하는 척, 되레 호들갑을 떤다.

일을 산더미처럼 쌓아준 상사에게 불만을 넘어서 극도의 분노까지 느끼지만, 겉으로는 기꺼이 받아들이는 척, "맡겨주셨으니 열심히 하겠습니다!"라고 거창한 각오까지 다진다. 아마 이런 경험은 많이들 해봤을 것이다.

우리는 '내 몸이 내 맘 같지 않아서, 마음에도 없는 소리를 하는' 경우가 많다. 따라서 행동만으로 사람의 진짜 속마음을 판단하기란 쉽지 않은 것이다. 왜 그럴까?

첫 번째 원인은 반동형성Reaction Formation이다. 이것은 받아들일 수 없는 충동이나 욕구로부터 벗어나기 위해, 자신의 진짜 의도를 드러내지 않기 위해 완전히 정반대되는 행동을 하는 것을 말한다. 예를 들어, 진짜 도둑이 다른 사람들이 도둑에 대해 하는 이야기를 들으면, 오히려 더 흥분하며 과장해서 도둑에 대한 혐오와 증오를 드러낸다. 이것은 자신이 도둑이라는 사실을 들킬까봐 두려운 나머지, 최대한 시치미를 떼려고 정반대의 감정, 혐오를 드러내는 경우다.

남녀가 서로 사귈 때도 이와 비슷한 반응이 나타난다. 여성이든 남성이든 호감이 생기면, 대부분 상대방을 똑바로 쳐다보지 못한다. 어쩌다 눈이라도 마주치면 빛의 속도로 눈을 피하는데, 이는 상대방과 사귀고 싶은 갈망이 그만큼 크다는 것을 의미한다.

'내 마음은 이렇게라도 널 계속 보고 싶은데, 네가 내 마음을 눈치챌까봐 두려워. 가슴이 조마조마해.'

두 번째 원인은 외부 요인의 작용이다. 어느 방송 프로그램에서 무작위로 지나가는 사람 50명을 붙잡고 물었다.

"어르신이 길가에 넘어져 있다면 일으켜 세워줄 건가요?"

대부분이 넘어진 노인을 일으켜줄 거라고 대답했다. 그 후에 노인 분장을 한 기자가 길에서 쓰러지는 척을 하고, 조금 전에 인터뷰했던 사람들이 어떻게 행동하는지를 관찰했다. 그러나 막상 자신의 말을 지킨 사람은 그리 많지 않았다. 그들에게 그 이유에 대해 묻자, '쓰러진 사람이 혹시라도 위협하지 않을까 걱정됐다', '다른 사람들이 내가 넘어뜨렸다고 생각할까봐 걱정됐다', '쓰러져 있는지 몰랐다' 등 변명 같은 대답들이 돌아왔다.

그들은 '도와주고 싶다'는 생각은 들었지만, 여러 가지 외부적인 요인을 우선시하여 소신대로 실행에 옮기지 못했다.

사실 이런 일은 우리의 일상에서도 얼마든지 빈번히 일어난다. 당신은 동료와 관계가 틀어지면, 그로 인해 발생하는 귀찮은 상황이나 감정 싸움을 피하기 위해, 겉으로 친하게 지내기로 선택했을 수 있다. 상사에게 밉보이기 싫어서 불만을 억누르고, 그가 준 업무를 완성하려고 애썼을 수 있다. 또, 따돌림을 당할까봐 두려워서 내면의 목소리는 무시하고, 여러 사람의 관점에 동조했을 수도 있다. 이러한 외부적 요인들로 인해 당신은 자기 내면에 있는 진실한 생각은 배제한 채 전혀 상반된 행동을 보이곤 한다. 하지만 이는 우리가 그러고 싶어서가 아니라 여러 가지 사회적, 관계적 제한 때문인 경우가 많다. 그럼 우리 내면의 목소리가 영향력이 더 클 때는 언제일까?

심리학에서는, 지금 하는 일이 당신에게 매우 중요할 때 내면의 목소리가 결정적 역할을 한다고 한다. 당신이 어떻게 생각하고 선택하는가의 영향력이 커지면서, 상대적으로 외부적 요인의 영향력이 작아진다. 그래서 어떤 중요한 결정을 내릴 때는 자신의 속마음을 잘 들여다봐야 한다. 당신이 정말 그렇게 하고 싶은지 반드시 꼭 질문해봐야 하는 것이다.

한편, 외부적 요인을 더 우선시하기로 선택했다고 하더라도, 내면에 있는 생각과 감정은 지속적으로 당신에게 영향을 준다. 당신이 발견하지 못하거나 다른 행동으로 나타나는 경우가 많다. 우리는 종종 어떤 일을 정말 하고 싶지 않은데도 불구하고, 외부적인 압력 때문에 결국 하기로 선택할 때가 있다. 이때 내면 깊은 곳에서 '나는 이 일을 하고 싶지 않아!'라는 목소리가 울려 퍼진다. 이것이 우리의 행동에 잠재적인 영향을 주는 것이다.

이를테면, 이 일을 할 때는 신경이 날카로워지거나 갑자기

몸이 아프기도 한다. 그에 대한 스트레스는 다른 사람에게 표출되기도 한다. 직장 상사에 대한 불만을 내내 억누르다가, 퇴근 후 집에 돌아가서 가족과 말다툼을 하는 일은 흔하다. 작은 실수도 그냥 넘기지 못하고, 예민하게 받아들여서 싸움을 벌인다. 여러 가지 외부적 요인들을 생각해서 내면의 목소리를 잘 억눌렀다고 해도, 여전히 잠재의식 속에서 우리의 행동에 영향을 미치는 것이다.

요즘 사람들에게는 이 또한 숙제인 것 같다. 진실로 원하는 것보다는 타협을 선택해야 하는 경우가 많으니까 말이다. 나는 당신이 여기에 매몰당하지 않고 스스로를 지킬 수 있는 사람이 되기를 바란다.

인간관계를 두려워하는 내가 싫어!

친해지고 싶은데, 친해지기 싫어

- 가끔은 북적이는 파티에서 사람들과 일정한 거리를 두거나 아예 무리에서 멀리 떨어져 있으려고 한다.
- 친밀한 사람이 가까이 다가와 껴안으려고 하면 이유 없이 불편함이 느껴져 벗어난다.
- 당신은 연애를 갈망하면서도 자신을 좋아하는 사람을 모두 밀어낸다.
- 보이지 않는 '마음의 벽'을 세워 당신과 친해지길 원하는 사람을 가로막는다.
- 아무에게도 속마음을 털어놓은 적이 없다.
- 사실 당신도 그들을 다정하게 대하고 싶은 마음은 굴뚝같지

만, 좀처럼 그 걸음을 내딛지 못하는 느낌이다.

- 다른 사람과 친밀한 관계를 맺기 원하면서도, 한편으로는 자신이 감정을 쏟은 만큼 보상받지 못할까봐 걱정된다.

혹시 위의 이야기에 고개를 끄덕였는가? 그렇다면 당신은 '친밀한 관계 공포증'의 경계에 서 있다. 이 공포증은 한 사람이 다른 사람과 신체적 또는 감정적으로 접촉하는 행위를 두려워하는 것을 말한다. 의도적으로 다른 사람과 거리를 두거나 깊은 친분을 거부해서 좀처럼 관계를 맺기가 어렵다. 원인은 각자 다르지만, 관계 초기 단계에서 실패를 맛봤거나, 믿었던 사람에게 상처를 받았거나, 인간관계 노하우가 부족한 경우가 대표적이다. 마음속으로는 정말 친해지고 싶다고 생각하면서도, 막상 두려움의 벽을 뛰어넘지 못한다. 이를 해결할 수 있는 방법은 무엇이 있을까?

자신을 제대로 분석한다. 이 과정은 친밀한 관계 공포증을 해결하는 데 있어서 가장 중요한 부분이다. 먼저 펜과 종이를 꺼내서 요인이라고 생각하는 것들을 하나하나 적어보자. 어린 시절 부모님이 당신을 대했던 방식이나, 아직까지 기억에 남는 불쾌한 경험, 실패한 인간관계 등이 있을 것이다. 기억을 거슬러 올라가다 보면, 친밀한 관계 공포증이 생긴 시점과 그 시기에 어떤 특별한 상황이 발생했던 것인지 알 수 있다.

이런 요인들을 찾는 것이 유난히 힘들 수 있다. 좋지 않은 기억을 꺼내보는 일이기 때문이다. 하지만 이대로 계속 다른 사람과 관계를 맺지 못한다면 앞으로 당신은 더 외롭고 힘들지도 모른다. 과거는 나를 괴롭히지 못한다. 이것을 기억하며 차근차근 생각해보자. 가벼운 음악을 들으면 더 편안한 분위기에서 생각할 수 있다. 만약 견디기 힘든 어려움이 있다면 전문 심리상담사의 도움을 받아도 좋다.

변화에 착수한다. 원인을 찾아낸 후에는 현실을 받아들이고 문제를 해결하자. 과거는 이미 지나간 일이니 앞으로 당신이 맺을 관계와 연결시키지 말자. 물론 하루아침에 생각이 바뀌지 않는다. 부단히 애를 써야 한다. 그래야 안정감을 되찾을 수 있다. 수시로 자신에게 '나는 사랑받을 가치가 있으며, 특별한 존재다'라는 사실을 일깨워주자. 매일 아침 눈뜨자마자 '많은 사람에게 사랑받고 있는 나는 정말 행복한 사람이야'라고 말해보자.

친밀한 관계가 필요한 이유는, 남들 다 그렇게 사니까가 아니라 우리 서로가 자신을 공유하고, 이해하고, 위로하고, 사랑하기 위해서다. 자신을 받아들이고 자신을 믿어라. 당신은 정말 사랑받을 가치가 있는 좋은 사람이다.

발을 내딛자. 모든 준비를 마쳤다면, 이제 친밀한 관계를 맺어볼 차례다. 조급해하지 말고 천천히 시작해보자. 처음부터 긴 시간을 유지하지 않아도 된다. 하지만 반드시 적응하려고 노력하고, 반복해서 마음을 다잡아야 한다. 상대방과 함께 저녁식사를 하고, 아주 가벼운 포옹을 해볼 수 있다. 어떻게 해야 할지 모를 때에는 먼저 심호흡을 해서 긴장을 풀고 현재 상황에 집중하려고 노력한다. 스스로 '남들과 어울리는 일는 그리 어렵지 않다'는 것을 끊임없이 되뇌도록 한다.

다른 사람과 친밀한 관계를 맺는 것은, 삶을 더욱 풍요롭고 재미있게 만들어준다. 실제로 관계를 맺으면서 당신도 천천히 깨닫게 될 것이다. 이 세상에 당신을 사랑하는 사람이 분명히 있다는 사실을 믿길 바란다. 그 사람은 가슴 가득한, 뜨거운 열정과 든든한 사랑으로 당신에게 다가가서 꼭 안아줄 것이다. 이제 당신도 기꺼이 두 팔을 벌려 안아줄 수 있을까?

인간관계를 두려워하는 내가 싫어!

'가식적인 명랑'의 가면을 벗을 수 없다

당신도 이런 사람일지 모르겠다. 직장이나 모임에서 늘 활기가 넘치고 처음 만난 사람과도 금방 우스갯소리를 건넬 정도로 친해진다. 다른 사람들에게 당신은 아주 발랄하고 사랑스러운, '친화력이 뛰어난 사람'이다. 그런데 모든 일이 끝나고 집에 들어서는 순간, 당신은 자신의 가식적인 얼굴을 빨리 벗어버리고 싶은 마음뿐이다. 아무 말도 하고 싶지 않아 입을 굳게 닫아버리고, 창밖으로 쏟아지는 도시의 야경을 보면서 '이게 진짜 내 모습인가?' 스스로 묻고 또 묻는다.

대부분 직장과 모임에서 자주 나타나는 이 '가식적인 명랑'은, 원래 내성적인 사람이 주변 환경의 압박과 자극에 의해 수

다쟁이가 되거나 몸짓이 커지고, 자신과 상관없는 일에 열을 올리는 등 명랑함을 극대화하는, 사회적으로 학습한 가면이다.

가식적인 명랑이라는 단어를 볼 때마다 내 마음은 참 착잡하다. 왜 그렇게까지 하는지 너무 잘 알아서다. 이런 사람은 전부터 스스로의 내성적인 성격이 걸림돌이라고 생각했을 것이다. 혹은 사회와 환경의 요구에 따라 변화를 택해야 했을 것이다. 그래서 인위적인 명랑함으로, 재미있고 사랑스러운 이미지를 최대한 어필하고 지금까지 유지해온 것이다.

겉으로 봤을 때는 자신의 한계를 돌파한 셈이니 좋아 보일 수 있다. 그러나 내막은 아무도 모르는 일이다. 깊숙이 숨겨놓은 진짜 자신의 모습은 한 번도 사라진 적이 없다.

스스로를 돌아보면 여전히 소심하고, 낯선 사람을 두려워하고, 말주변이 없다. 때로는 알 수 없는 서러움이 복받쳐 눈물을 터뜨리기도 한다. 그럼에도 불구하고 가식적인 명랑의 가면을 벗을 수 없다. 여전히 남들의 시선을 의식해서 말 한마디, 행동 하나가 조심스럽고 많은 생각을 거친다.

그리고 깊고 조용한 밤이 되면, 그런 자신이 너무 미워진다. 점점 진짜 본심과 한없이 멀어지고 있다는 생각이 몰려온다.

우리가 흔히 말하는 외로움은 모두 외부로부터 온 것이 아니라 우리 자신에게서 비롯한 것이다. 가식적인 명랑 뒤에도 피할 수 없는 외로움이 숨어 있다. 이미 가면을 쓰는 것이 습관이 된 사람은, 일반적인 상황에서는 아무런 사전 준비 없이 쉽게 대응할 수 있을 정도로 숙련돼 있다. 자신의 가장 좋은 면만 드러내는 데 익숙해져서 부족한 면을 드러내는 데 큰 두려움이 있다. 다른 사람 눈에 비친 그들은 항상 기쁘고 즐거워 보이지만, 실상은 내면에 가득한 열등감과 콤플렉스를 숨기기 위해 애쓰고 있을 뿐이다.

가식이 나쁘다는 편견이 항상 존재하는 것처럼, 가식적인 명랑 역시 인간이 가진 위선적인 모습으로 여겨진다. 하지만 지금까지 이야기한 사람들은 위선과는 거리가 있다. 그들은 다른 사람에게 상처 입히지 않으면서 자신을 보호하기 위해 가면을 택했다. 그러니까 만일 그 본모습을 보더라도 조금 더 관용을 베풀어주길 바란다.

그리고 지금도 영혼 없는 명랑함을 발산하고 있는 사람들에게 꼭 해주고 싶은 말이 있다. 우리는 모두 이 사회의 일원으로서 세상과 조화를 이루기 위해 자신을 다듬을 필요가 있다. 끝내주는 성격으로 스포트라이트를 받고 있는 사람도 당신이고, 수수한 차림으로 아이스크림을 사러 가는 사람도 당신이고, 오늘 읽은 책 한 구절에 깊이 감동하는 사람도 당신이고, 여러 사람이 모인 곳에서 호탕하게 웃는 사람도 당신이다. 이들 모두가 진짜 '자신'임을 절대 잊어서는 안 된다.

어떤 모습의 내가 더 나은지 고민하지 마라. 나의 모든 모습이 다 새롭다. 그리고 깊은 밤, 혼자 있을 때 가장 진실한 나로 돌아가, 흐르는 눈물을 꾹 참아내던 그 모습이야말로, 이 세상을 마주하는 당신의 가장 진실한 태도일 것이다.

인간관계를 두려워하는 내가 싫어!

당신의 '중요한 타인'은 누구인가?

최근 비수민畢淑敏 선생님이 쓴《누가 당신의 중요한 타인인가誰是你的重要他人》라는 책을 보고 가슴이 뭉클해졌다. 여러분에게도 하나 이야기해주고 싶다. 어린 시절 그가 합창단에 선발됐을 때의 일화다. 어느 날 목 상태가 좋지 않았던 그는 연습 내내 음이탈을 냈고, 음악 선생님은 '미꾸라지 한 마리가 웅덩이를 흐린다'며 합창단에서 그를 쫓아냈다. 하지만 합창단에서 그가 서 있던 자리를 채울 비슷한 키의 단원을 찾을 수 없자 음악 선생님은 다시 그를 불러 이렇게 말했다.

"비수민, 똑똑히 잘 들어. 합창단에 다시 들어올 순 있어도 노래는 안 돼. 지금부터 입만 뻐끔거려야 해. 알아듣겠지?"

음악 선생님은 말을 끝내자마자 손가락을 내밀어 어린 그의 입술에 갖다 댔다. 똑바로 세운 집게손가락은 마법처럼 목을 꽉 조여버렸고, 그 후로 그는 사람들 앞에서 다시는 노래를 부르지 않았다.

미국의 사회학자 밀스C.W. Mills가 언급한 '중요한 타인'이라는 개념을 보면, 인간은 사는 동안 네 부류의 중요한 타인으로부터 영향을 받는다고 한다.

일반적으로 유아기는 부모님, 아동기는 선생님, 소년기는 친구, 성인기는 연인이나 가까운 친구, 동료로 나뉜다. 중요한 타인은 일상생활에서 우리의 정서적 상태에 막대한 영향력을 끼친다. 그들의 행동 하나, 말 한마디, 심지어 눈빛 한 점까지도 내 생각과 감정에 영향을 준다.

그래서 우리는 누구와 함께 하느냐에 따라 다른 인생을 살게 된다고 말한다. 우리는 자신을 평가할 때 주로 타인의 평가도 함께 생각하는데, 그중에서도 '내게 중요한 타인이 나를 어떻게 평가하고 있는가'는 굉장히 큰 문제이기 때문이다. 그에 따라서 큰 동기부여를 받기도 하고, 반대로 큰 상처를 받기도 한다.

다시 비수민 선생님의 일화로 돌아가보면, 음악 선생님의 방식에 대해서는 거부감이 몰려오지만, 결과적으로 음악 선생님이 그의 중요한 타인이었던 것은 틀림없다. 그때의 기억과 감정이 지금까지도 생생하니 말이다.

나와 절친한 친구 한 명도 이와 비슷한 이야기를 한 적이 있다. 그 친구는 어렸을 때 노래하고 춤추는 것을 좋아했는데, 어느 순간 그만둬버렸다. 기억을 거슬러 올라가던 친구는 그렇게 된 이유가 아마도 어느 설날에 있었던 일 때문인 것 같다고 했다. 그날도 신나게 친척들 앞에서 노래를 부르는데, 친구의 어머니가 정말 못 부른다며 큰 소리로 비웃었고, 이후부터는 절대 노래를 부르지 않았다고 한다. 그래서 매번 모여서 노래를 할 때마다 그녀는 구석에서 손뼉만 치고 있었다.

이처럼 우리가 가진 성격과 반응패턴 모든 것에 중요한 타인이 깊숙이 내재돼 있다. 지나고 보면 우리는 너무 어렸고 판단력도 없었기에 자주 상처를 받았다. 하지만 그건 우리의 잘못이 아니다. 그때 그 상처에서 지금도 피가 흐르고 있다면, 반드시 상처를 싸맬 방법을 찾아야 한다. 다시는 그 상처가 당신의 오늘과 내일에, 그리고 먼 미래에까지 영향을 미칠 수 없도록 해야 한다.

기억은 바꿀 수 없지만 지금은 바꿀 수 있다. 무언가 실행하려고 할 때 중요한 타인의 말이 힘을 실어준다면, 앞으로 나아가는 길의 등불로 삼으면 된다. 반면에, 오고 가고 할 수 없이 발목을 잡는다면, 두 손으로 산산조각 내면 된다.

나는 비수민 선생님도, 내 친구도, 그리고 당신도 속박에서 벗어나 삶의 무대에서 목청껏 노래할 수 있게 되길 바란다.

인간관계를 두려워하는 내가 싫어!

넘치는 생각이 인간관계를 망친다

어느 날 회사에서 동료가 일을 하나 도와달라고 부탁했다. 당신은 알겠다고 대답했지만, 당신도 일이 너무 바빠서 그만 깜박 잊어버렸다. 나중에 동료가 '됐어, 괜찮아'라면서 다시 일을 갔는데, 그때부터 당신은 왠지 신경 쓰이기 시작했다. '됐다'라는 말을 곱씹으며 그가 '정말 괜찮다'는 뜻으로 한 말인지, 아니면 '실망스럽기 그지없다'는 뜻으로 한 말인지 고민하고 또 고민한다. 종일 생각을 거듭해도 결론이 나지 않자, 당신은 초조하고 불안해져서, 끝내 자신의 능력까지 의심한다. '앞으로 또 이런 일이 생겨서 미움받으면 어떡하지?' 직장생활이 살얼음판을 걷는 것처럼 몹시 두렵다.

연인 사이에는 서로를 이 세상에서 가장 친밀한 사람으로 여기며, 상대방의 말 하나하나를 모두 자신의 가슴 깊이 새겨 둔다. 낮 시간의 시끄러운 소음이 사라지고, 어둠이 찾아들어 각자 혼자만의 시간을 가질 때 우리는 상대방과의 만남을 다시 되새겨본다. '그런데 아까 왜 그런 표정을 지은 거지? 별로 마음에 안 들었나? 확실히 오늘 반응이 미지근했던 것 같아.' 그렇게 '트집 잡기' 게임이 시작된다.

마음에 드는 사람과 식사를 할 때도 당신의 머릿속은 바쁘다. '내가 이런 질문을 하면 귀찮다고 생각하지 않을까?', '솔직히 말하면 이상한 사람으로 보지 않을까?', '음식을 먹을 때 흘리면 더러워 보일 텐데' 등의 생각이 가득하다. 이렇게 생각에 사로잡혀 있으면, 모든 상황을 소극적으로 바라보게 된다. 마음에 부담도 너무 커져서 자신을 있는 그대로 자유롭게 표현할 수 없다.

그리고 이러한 불합리한 마음과 논쟁하는 데 한 번 더 에너지를 소비하게 된다. '아냐, 질문을 많이 하면 좀 더 빨리 친해질 수 있을 거야', '내가 솔직한 모습을 보여주면 그 사람이 나를 제대로 이해할 수 있지 않을까? 그게 내 장점이라고 생각할지도 몰라' 등 끊임없이 생각을 이어나간다. 집에 돌아와서도 작은 토씨 하나까지 되짚어보며 생각의 씨름을 계속한다.

이렇게 생각이 꼬리에 꼬리를 물다 보니 불안이 쉽게 가시지 않는다. 심하면 밤에 잠도 오지 않아서 뜬눈으로 아침을 맞이하기도 한다. 왜 우리는 스스로를 괴롭힐 정도로 생각이 많은 걸까?

생각이 많은 사람들은 대체로 세심하고, 예민하고, 감정적이다. 일상생활에서 상대적으로 안정감이 떨어지고, 어쩌면 여가 시간이 지나치게 많은 편일 수 있다. 마땅히 할 일이 없거나 뚜렷한 목표가 아직 정해지지 않아, 인생의 지반 자체가 불안정한 상태일 수 있다. 또, 자기도 모르게 '오래 생각하면 답은 나오게 돼 있다'라는 믿음이 항상 마음속에 자리 잡고 있을 수도 있다. 그래서 무슨 일이든 복잡하게 분석하고, 한마디 말이라도 다양한 의미로 해석하는 것이다.

다른 사람이 "나는 그런 뜻이 아니었어. 너무 많이 생각하지 마"라고 말해줘도, 생각의 가지는 수없이 여러 갈래도 뻗어나간다. '그런 뜻이 아니었다고? 그럼 무슨 뜻이라는 거지? 지금 저 말은 내가 쓸데없이 생각이 많다는 거야?'라고 끊임없이 생각한다. 어떻게 하면 이런 생각의 고리를 끊어낼 수 있을까?

기억해야 하는 것은 기억하고, 잊어야 하는 것은 잊어버린다. 바꿀 수 있는 것은 바꾸고, 바꿀 수 없는 것은 받아들인다. 너무 많이 생각해서 지금까지 득을 본 게 있었는가? 설사 득을 봤다고 해도, 그 과정이 몹시 괴롭지 않았는가? 매일 머리를 쥐어뜯고, 불안에 시달리며, 잠도 제대로 못 잤을 테니 말이다. 돌이켜보면, 대부분이 그렇게까지 할 문제가 아니었을 것이다. 이제부터는 문제를 해결할 실마리를 찾을 때까지 괜한 걱정을 늘어놓고, 마음을 졸이기보다는 일단 한 발짝 물러서서 바라보자.

그리고 스스로 멈추는 연습을 해보자. '이 일은 그렇게 중요하지 않아. 나에겐 더 중요하고 재미있는 일이 많아. 이런 잡생각은 몽땅 쓰레기통에 쏟아버리고, 차근차근 편안하게 하면 돼'라고 자신에게 말해보자. 실제로 당신의 인생에는 당신이 해내야 할 일들이 많다. 무엇이 나를 발전시킬 수 있는 방법인지 생각해보자. 이를테면 자신의 전공과 관련된 책을 읽거나 업계의 최신 동향을 살펴보자. 땀을 빼는 운동을 하거나 친구들과 즐거운 시간을 보내는 것도 좋은 방법이다.

생각을 많이 하다 보면, 긍정적인 생각보다는 부정적인 생각으로 이어지기 마련이다. 하지만 어쨌든 생각의 폭을 넓히면 고민도 사라진다. 자신이 통제할 수 없는 일에 대해 생각하지 말고 현재 할 수 있는 일에 충실하자. 이미 다 지나간 일이거나 결과를 모르는 일을 두고두고 생각해봤자 헛수고일 뿐이다. 미처 하지 못했거나, 놓쳤거나, 안타까운 일들은 그냥 흘러가게 둬라. 잘 안되더라도 계속 연습하다 보면, 어느 순간 너무 많은 생각이라는 안개로 뒤덮혀 있던 당신의 하늘이 탁 트일 것이다.

인간관계를 두려워하는 내가 싫어!

'다들 나만 쳐다보는 것 같아!' 부끄러움의 원인

어떤 사람이 공공장소에서 당신을 큰 소리로 부른다. 당신은 사람들의 시선이 일제히 당신을 향하는 것 같아 얼굴이 빨갛게 달아오르기 시작한다. 그런데 실제로도 그랬을까? 자세히 보면, 사람들은 애초부터 아무 관심이 없었다. 하나같이 고개를 푹 숙이고 휴대폰을 만지작거리거나 일행과 대화를 나누는 데 여념이 없다.

저녁 모임에 간 당신, 평소 좋아하던 음식이 있어서 먹고 싶은데 접시가 조금 멀리 떨어져 있다. 다른 사람에게 부탁하거나 직접 가서 음식을 가져오려는데, 혹시라도 다른 사람이 그런 당신을 보고 비웃지 않을까 걱정스럽다. 그런데 사실 다들 정신없이 먹고 떠드느라, 당신이 음식을 가져오든 말든 신경 쓰지 않는다.

이는 모두 '내가 너무 ○○ 한가?', '사람들이 다 나만 쳐다보는 것 같아'라는 사고방식에서 비롯한다. 사람들 앞에서 이유 없이 민망하고, 불편하고, 얼굴이 붉어지고, 자꾸만 위축된다. 전부 부끄러움 때문에 일어나는 반응이다. 부끄러움이 형성되는 원인을 이해하면, 이를 조절할 방법을 찾을 수 있다.

'기질형'이기 때문이다. 히포크라테스의 네 가지 기질 중 우울질에 해당하며, 외부 자극에 민감한 기질적 특성이 있는 사람을 말한다. 감수성이 높고, 조용한 환경을 선호해서, 자극에 취약하다. 말할 때 대체로 낮은 소리로 속삭이고, 모든 말과 행동이 조심스러우며, 걱정이 많고 소심해서, 교제를 어려워한다. 애초에 기질적으로 부끄러움을 잘 타는 것이다.

'인식형'이기 때문이다. 이 유형의 사람은 다른 사람의 평가에 신경을 많이 쓰는 편인데, 자신의 언행이 상대방에게 어떻게 비춰질지 항상 불안해하고, 자신에 대한 의심을 놓지 못한다. '이렇게 먹어대면 너무 많이 먹는다고 생각하지 않을까?', '지금 내 표정이 이상하면 어떡하지?' 결국 자신을 돌아볼수록, 다른 사람에게 좋은 인상을 주려고 할수록, 행동은 더 부자연스러워진다. 인식형은 기질형과는 다르게 타고난 것이아니다. 어릴 때 활발하고 유쾌했던 사람도 다 큰 성인이 돼서 오히려 부끄러움을 타는, 인식형에 속할 수 있다.

'좌절형'이기 때문이다. 이 유형의 사람은 원래 부끄러움을 잘 타지 않고, 성격도 사교적인 편이다. 하지만 좌절을 겪고 나면, 또다시 그와 같은 상황이 발생할까봐 두려워한다. 많은 사람 앞에서 발표를 망쳤다든지, 아주 중요한 일을 망쳤다든지 등의 일들이 부끄러움을 유발하는 것이다.

우리가 상황을 보다 객관적으로 바라보고, 우리의 불합리한 생각을 바꿔나간다면, 부끄러움은 서서히 사라질 것이다. 반드시 극복할 수 있으니 움츠러들지 말자. 머지않아 자기 자신을 편안하게 표현할 수 있을 것이다.

인간관계를 두려워하는 내가 싫어!

낯선 사람과의 대화를 피하지 마라

당신은 '낯선 사람'을 떠올리면 어떤 생각부터 드는가? 나는 머리부터 발끝까지 까맣게 칠한, 마치 그림자 같은 이미지가 가장 먼저 떠오른다. 긍정적인 느낌보다는 부정적인 느낌이 든다. 우리는 어릴 적부터 낯선 사람을 경계하라고 배운다. 그래서 성인이 된 이후에도 아마 무의식적으로 낯선 사람과의 접촉을 반기지 않을 가능성이 높다. 또, 사회에서나 회사에서나 낯선 사람을 상대하는 건 어렵기 때문에 그에 대한 거부감이 있을 수 있다. 하지만 그렇다고 해서 우리가 낯선 사람과의 만남을 피할 수 있을까? 나는 어렵다고 본다. 가족과 친구를 제외하고는 모두가 낯선 사람이기 때문이다.

학교에 입학하거나 새로운 학년으로 올라갈 때도 온통 낯선 사람뿐이다. 어쩌다 모임에서 만나는 사람들 역시 지금까지 한 번도 본 적 없는 낯선 사람들이다. 입사면접에서 당신의 운명을 결정하는 면접관 역시 낯선 사람이다. 낯선 사람과의 교류는 피할 수도 없고, 피해서도 안 된다. 낯선 사람과 소통하는 방법을 터득하는 것은 현대사회를 살아가는 우리에게 꼭 필요한 일이다. 따라서 낯선 사람과 이야기를 나누고 교제하는 노하우에 대해 이야기해보려고 한다.

심리학에서는 처음 만난 사람의 경계심을 해제하기 위한 방법으로 먼저 공통점을 찾으라고 말한다. 여기서 말하는 공통점은 출신 지역이나 좋아하는 것, 싫어하는 것, 현재 관심을 갖고 있는 사회 현상 등 많은 것을 포함한다. 이중에서 공통적으로 관심 있는 주제를 찾아서 이야기를 나누면 되는데, 가장 중요한 건 질문하기를 망설이지 말라는 것이다. 상대방이 물어봐주기를 기다리지 말고 당신이 먼저 능동적으로 물어보고 다가가자. '어디 사세요?', '어떤 음식 좋아하세요?', '쉬는 날은 어떻게 보내세요?' 같은 가벼운 질문으로 상대방이 말문을 열도록 유도하면 좋다.

또, 한 사람의 심리상태, 정신적인 추구, 취미 등은 많든 적든 간에 그들의 표정이나 패션스타일, 말투, 행동 등에 나타나기 마련이다. 당신이 관찰만 잘하면 충분히 발견할 수 있다. 거기서 찾은 공통점에서도 화제를 끌어내면 된다.

그런데 다양한 의견을 나누다 보면 반드시 공통점만 있는 것은 아니다. 상대방의 생각이 내 생각과는 다를 수 있다. 그렇기 때문에 더더욱 소통이 필요한 것이다. 과연 상대방이 나의 좋은 친구가 될지, 아무 상관없는 낯선 사람이 될지는 얘기를 해봐야 알 수 있다. 가벼운 대화가 잘 이루어진다면, 자연스럽게 공통점을 더 많이 발견할 수 있고, 공통점이 많아질수록 교류의 폭도 더욱 깊어진다.

'낯선 사람과 말하지 않기'는 결코 최선의 생존법칙이 될 수 없다. 우리는 자신을 보호할 줄 알아야 하는 동시에 낯선 사람과 대화하는 방법도 습득해야 한다. 낯선 사람이 접근조차 할 수 없도록 가시 세운 모습을 하는 것보다는, 살짝 경계심을 풀었을 때 예상치 못한 좋은 인연이 생길 수도 있다.

간단한 예를 들어보자. 법학과 학생인 당신이 법원에서 실습을 하다가 잘 모르는, 낯선 선배를 만났다. 이때 두려워하지 않고, 자신을 소개하고 선배에게 가르침을 구한다면 많은 것을 얻을 수 있다. 지금 공부하고 있는 전공의 미래가 밝은지,

당신이 앞으로 무엇을 준비해야 하는지 자세히 알아낼 수 있는 기회다. 당신이 이렇게 진정성 있고, 예의 바른 '햇병아리'인데, 어느 누가 거절하겠는가? 이제부터는 관점을 바꾸어서, '낯선 사람과의 대화를 어떻게 거절할 것인가'를 고민하기보다는, 어떻게 하면 '낯선 사람을 자신의 귀인으로 만들 수 있을까'를 진지하게 생각해보자. 그것이 당신에게 큰 기회를 만들어줄 것이다.

함께 있어도 외로운 사람을 위한 심리수업 2

호감을 내 편으로 만드는 연습

내가 다른 사람을 좋아하면
다른 사람도 나를 좋아하게 돼 있다.
자신을 믿고 용기를 내보자.

호감을 내 편으로 만드는 연습

누군가 나를 좋아해준다는 사실 하나만으로도

우리가 누군가를 좋아할 때 그 사람의 외모나 사회적 지위, 성격 등의 구체적인 이유를 요목조목 따지기보다는, 단지 그가 나를 좋아해주기 때문인 경우가 많다. 왜 우리는 자신을 좋아해주는 사람에게 더 쉽게 호감을 느끼는 것일까? 아주 단순하다. 자신을 좋아해주는 사람이 있다는 사실만으로도 기분이 좋아지기 때문이다. 또, 타인이 건네는 호감과 칭찬, 인정 자체는 나라는 사람이 얼마나 가치 있는 존재인가를 설명해준다.

심리학에서는 이런 현상을 '호감의 상호성Reciprocity Of Liking'이라고 말한다. 마찬가지로, 당신이 누군가에게 좋아한다는 신호를 보내면, 그 감정을 느낀 상대방도 쉽게 당신에게 호감을 가질 수 있다. 이와는 결이 매우 다르지만, 당신이 누군가를 싫어하면 그 사람도 바보가 아닌 이상 눈치를 채고 당신을 싫어할 가능성이 높다.

자존감이 높고, 자신감이 넘치는 사람은 다른 사람에게 칭찬을 들어도 크게 동요하지 않는다. 하지만 자존감이 낮고, 자신감이 바닥인 사람은 유독 다른 사람의 인정과 관심에 민감하게 반응한다. 더욱이 자신을 부정적으로 평가하는 것을 유연하게 넘기지 못하고 전전긍긍한다. 항상 긍정적인 평가에 목말라하는 상태이기 때문에, 자신에게 호감을 보이는 사람을 쉽게 좋아할 수밖에 없는 것이다.

우리는 누군가의 도움 없이는 혼자 이 세상을 살아갈 수 없다. 하물며 내가 원하는 목표를 향해 나아갈 때에도 적어도 한 번쯤은 누군가의 도움이 필요하다. 이때 호감이 매우 중요한 역할을 한다. 다른 사람에게 우리의 의견을 납득시키려면, 호감이 먼저다. 말 그대로 '당신이 옳다고 여기고, 당신의 의견에 따르도록' 설득하고 싶다면, 그들에게 좋은 의견을 제시하는 것만으로는 턱없이 부족하다. 반드시 먼저 당신을 좋아하게 만들어야 한다. 그렇지 않으면 당신의 의도는 물거품이 되고 말 것이다. 이런 심리적 효과를 적절하게 활용할 줄 아는 사람이야말로 원하는 바를 얻을 수 있다.

세기의 슈퍼 세일즈맨으로 선정될 만큼 엄청난 양의 자동차를 판매한 조 지라드Joe Girard의 성공비결 중 하나가 바로 호감을 사는 것이었다. 그는 고객의 호감을 사기 위해 명절마다 1만 3천 명이나 되는 고객에게 안부 카드를 보내곤 했다. 내용은 그때그때 달랐지만, 카드 겉면에는 항상 같은 문구가 적혀 있었다. '나는 당신을 좋아합니다.' 조 지라드는 어느 인터뷰에서 이렇게 말했다.

"카드에는 그것 말고 다른 특별한 건 없었어요. 그저 내가 그들을 좋아하고, 신경 쓰고 있다는 것을 말해주고 싶었어요."

그렇게 그는 남들이 보기에 귀찮기만 하고, 대단해 보이지 않은 방식으로 위대한 세일즈맨이 됐다.

인간관계에서 다른 사람에게 호감을 얻고 싶다면 주의해야 할 점이 있다. 상대방에 대한 불만이나 부정적인 감정을 가급적 표현하지 않는 것이다. 이로써 기본적인 예의를 지키는 것은 물론, 자신에게 나쁜 인상을 갖지 않도록 방지할 수 있다.

예를 들어, 당신이 호감을 얻고 싶은 상대방의 집에 놀러갔는데, 그 집 아이가 너무 활발한 탓에 이것저것 만지고, 쉴 새 없이 뛰어다닌다. 이 때문에 당신은 정신이 없어서 저절로 인상이 찌푸려질 것 같다고 해도, 절대 티를 내서는 안 된다. 기분을 추스르고 이런 상황에서는 어떻게 하면 좋을지 생각해보자. 물론 어렵겠지만, 아이 부모에게 "아이고, 아이가 정말 활발하네요. 정말 사랑스러워요!"라고 말해보자.

이미 부모도 아이가 주의를 산만하게 하고 있다는 것을 잘 알고 있다. 설사 그렇더라도 다른 사람이 직접적으로 지적한다면, 그 어떤 부모라도 유쾌하게 받아들이지 못할 것이다. 아이는 부모의 '작은 태양'이라는 말도 있지 않은가. 이처럼 호감을 얻기 위해서는 우리가 먼저 호감을 보여야 한다는 사실을 기억하자.

호감을 내 편으로 만드는 연습

호감은 한 끗 차이에서 시작된다

사람마다 각자 인생에서 추구하는 바는 다르지만 유일하게 같은 점이 있다. 바로 인간관계에서 상대방에게 미움보다는 호감을 얻고 싶어 한다는 점이다. 앞서 호감의 필요성에 대해 얘기했으니, 이번에는 호감을 얻을 수 있는 방법들을 소개해 보려고 한다. 이것만 알면 인간관계에서 탁월한 호감 술사가 될 수 있을 것이다.

첫인상은 우리의 머릿속에 꽤 오랫동안 남아 있다. '이 사람은 지각하는 스타일이군', '저 사람은 초록색을 좋아하나봐' 같은 이미지들 말이다. 기억에 남은 이미지는 앞으로 그 사람을 어떻게 대할지, 그 태도에도 영향을 미친다. 그리고 무엇보다 처음 만났을 때 그닥 인상이 좋지 않았다면, 우리는 굳이 그 사람에 대해 더 알고 싶어 하지 않는다. 다른 사람에게 처음 비춰지는 이미지와 성격이 특히 중요한 이유다. 그렇다면 처음 만나는 자리에서 주의해야 할 점은 무엇일까?

등산이나 산책을 할 때는 당연히 구두보다 운동화가 적합한 것처럼, 옷차림이나 화장은 최대한 때와 장소에 어울리게 한다. 또한, 도도하고 우울한 성격보다 활기차고 붙임성 있는 성격이 훨씬 다가가기가 편하다. 너무 무리해서 가면까지 쓸 필요는 없다. 먼저 말도 붙이고, 미소를 짓는 등의 노력 정도가 좋다.

혹시라도 그날 영 기분이 좋지 않아서 웃음과 활력을 잃어버렸다면, 기분전환을 시도하자. 대체로 우리 행동과 마음은 항상 같은 방향으로 움직이기 때문이다.

일단 다른 사람과 농담을 주고받으며 가라앉았던 마음을 끌어올려보자. 맛있는 케이크를 한 조각 나눠먹는 것도 좋다. 우울했던 마음이 행동과 환경에 영향을 받아 조금씩 달라질 것이다.

어느 날 당신은 어느 모임에 처음 갔다. 당신은 그날 누군가에게 자신을 소개하고, 한참 동안 대화도 나눴다. 그런데 다음에 만났을 때 그 사람이 당신의 이름을 잊었다면 어떨 것 같은가? 분명 기분이 상할 것이다. 마찬가지로, 누군가 당신에게 자신을 소개했을 때 그 사람의 이름을 잊어서는 안 된다. 이름을 잊는 것은, 상대방에 대한 존중과 배려가 결여된 행동이니, 반드시 기억해두자.

상대방의 이름과 이야기를 잘 귀담아듣고 기억해뒀다가 다음에 만났을 때 정확하게 언급하면, 두 사람의 거리는 금방 가까워질 것이다. 이것은 경청과도 연관된다. 어쩌면 당신도 탁월한 언변을 뽐내서 사람들에게 동경의 눈빛을 받고 싶어 할지도 모르겠다. 하지만 때로는 상대방의 이야기를 경청하는 것이 훨씬 더 긍정적인 작용을 하기도 한다.

우리는 대체로 이기적인 사람을 좋아하지 않는다. 이기적인 사람은 다른 사람의 말을 귀담아듣지 않는다. 그저 쉴 새 없이 자기 얘기만 늘어놓는다. 다른 사람의 호감을 얻고 싶다면, 상대방의 이야기를 잘 들어주면서, 그 사람이 좋아하는 주제와 관련된 질문을 던져보자.

이것은 대화 중에 상대방을 향한 격려가 될 뿐만 아니라 어디서나 환영받는 사람이 되기 위한 필수 요건 중 하나다.

또한, 상대방이 우리에게 관심을 갖게 하려면 우리가 먼저 관심을 가져야 한다는 사실을 명심해야 한다. 누군가를 존중하든 누군가의 존중을 받든, 모두 진심이 있어야 좋은 결과를 얻을 수 있다. 우리는 항상 나에게 더 많은 관심을 보이고, 나를 더 많이 좋아해주는 친구를 만나고 싶어 한다. 그런 사람을 찾기보다는 내가 먼저 그런 사람이 되어보자는 것이다.

먼저 그 사람의 관심사가 무엇인지 알아보려면 대화가 우선이다. 앞서 말했듯이 대화 중 고개를 끄덕이거나 간단한 질문을 하면서 적극적으로 반응하면, 자연스레 이야기도 더 깊어지고 친밀감도 쌓인다. 거기서 그가 필요한 것 혹은 그가 듣고 싶어 하는 격려나 조언을 파악하고, 당신이 가능한 선에서 챙겨주자.

상대방의 생일 당일에 간단한 축하 메시지를 보내거나 가끔씩 작은 선물을 보내는 것으로도 상대방을 향한 관심과 호감을 표현할 수 있다. 한마디로 상대방에게 당신이 신경 쓰고 있다는 사실을 느끼게 해주는 것이다.

당신이 만나는 모든 사람에게는 각자의 장점이 있다. 상대방의 장점을 발견하고, 칭찬하고, 격려하는 것은, 그 사람이 당신뿐만 아니라 이 세상에서 중요한 존재라는 사실을 느끼게 해주는 방법이다. 그리고 당신은 그 장점들을 배울 수 있다. 상대에게 이 사실을 알려주면, 자신이 당신에게 모범이 된다는 사실에 자부심을 느끼는 것은 물론, 그를 일깨워준 당신에게도 큰 호감을 갖게 된다.

무슨 일이든 성공하려면 시간과 방법이 필요하다. 이와 마찬가지로 다른 사람에게 호감을 얻기 위해서도 시간과 방법이 필요하다. 위에서 내가 언급한 방법들은 아마 당신에게 매우 유용할 것이다. 이제 다른 사람의 호감을 얻을 시간이다.

호감을 내 편으로 만드는 연습

호감을 주는 얼굴형이 따로 있다?

사람의 얼굴형은 참으로 다양하다. 판빙빙范冰冰의 턱이 뾰족한 V라인 얼굴, 송혜교의 계란형 얼굴, 매기 큐Maggie Q의 긴 얼굴, 안젤리나 졸리Angelina Jolie의 각진 얼굴, 박보영의 둥근 얼굴 등이 대표적이다. 원래 얼굴형에 따라 각자 풍기는 분위기도 다른 법인데, 요즘 사람들은 특히 둥근 얼굴형을 선호한다고 한다. 그 이유는 바로 '베이비 페이스 효과' 때문이다.

사람들은 길을 가다가 아기만 보면 무장해제가 되곤 한다. 다가가서 말을 걸고, 만지고, 껴안기까지 한다. 또한, 아기의 특징을 가진 성인이나 동물, 심지어 생명이 없는 물체에도 감정이입을 하거나 보호본능을 느낄 때도 있다. 최근 둥근 얼굴형을 선호하는 이유도 동그랗고 귀여운 아기의 얼굴을 연상시키기 때문인 것이다.

어느 학자는 이러한 현상의 이유를 '베이비 스키마Baby Schema'라는 용어를 이용해 설명했다. 본래 베이비 스키마는 어미의 보호 없이는 살 수 없는, 양육 행동을 불러일으키는 포유류과의 동물을 뜻한다. 베이비 페이스는 여기에 '사람과 동물의 얼굴에서 나타나는 아기의 귀여운 특성'이라는 뜻이 더해져, 돌출부가 작은 둥그스름한 머리, 작은 코, 동그랗고 커다란 눈 등을 말한다. 사람이나 동물이나 베이비 스키마가 뚜렷할수록, 보호 및 부양 행동을 촉진시키고 공격성을 낮춘다.

그러므로 사람들이 아기 혹은 아기 같은 얼굴에 긍정적인 감정을 갖는 것은, 본능에 충실한 자연스러운 현상이라고 말할 수 있다.

아기 얼굴을 보고 있으면 어떤가? '보기만 해도 기분이 좋다'는 생각이 들지 않는가? 아기의 얼굴은 우리의 심리적 경계심을 허물고, 감성과 보호본능을 자극한다. 아기 사진만 봐도 우리 뇌의 감정과 집중력, 판단력을 주관하는 영역이 자극돼서, 모든 감각이 아기에게 쏠리고 즐거움을 느낀다. 이런 점들을 바탕으로 사람들은 베이비 페이스를 가진 사람에게 더 쉽게 호감을 느끼고, 교제에도 우호적인 것이다.

하지만 당신이 베이비 페이스가 아니라고 해서 크게 걱정할 필요는 없다. 모든 것에 양면성이 존재하듯이, 베이비 페이스에도 양면성이 존재한다. 나는 종종 아기 같은 얼굴, 동안 외모를 가진 사람들의 푸념을 듣곤 한다. 귀엽다는 말은 잠깐이고, 오히려 부정적인 평가를 들을 때가 더 많다는 것이다. 얼굴이 아기 같아서 전문적인 인상을 주기 어렵고, 강단이 부족해 보인다는 평가를 받아 속상해한다. 좀 더 성숙해 보였으면 하는 바람에서 어두운 색의 옷을 입거나 냉정한 말투를 유지하려고 노력한다. 베이비 페이스라서 무조건 프리패스는 아닌 것이다.

사실 모든 사람은 자신만의 얼굴을 가지고 있다. 모두 이 세상에 단 하나밖에 없는, 독특한 매력을 지니고 있다. 그러니 내게 없는 특징을 아쉬워하기보다는, 자신에게 잘 맞고 편안한 방법을 찾아야 자신감을 키울 수 있다. 당신은 당신이다, 이것을 잊지 말자!

관계에는 거리 두기가 필요해

버스에 올라탄 당신, 빈자리를 찾아 두리번거린다. 남아 있는 자리는 버스의 맨 뒷줄, 양쪽 창가 자리에는 다른 사람이 앉아 있다. 당신은 어디에 앉겠는가? 나는 개인적으로 나뿐만 아니라 아마 대부분의 사람이 중간 자리를 고를 거라고 생각한다. 이유는 아주 간단하다. 서로 거리를 유지할 수 있기 때문이다.

심리학에서는 이를 '개인적 공간Personal Space'이라고 이야기한다. 우리는 항상 자신만의 공간을 필요로 하는데, 이 공간은 다른 사람이 침범해서는 안 되며, 그렇다고 너무 넓어서 다른 사람을 침범해서도 안 된다. 한마디로 나 자신과 다른 사람 모두를 편안하게 할 수 있는 공간이어야 한다. 그렇다면 사람과 사람 사이에 어느 정도의 공간이 확보되어야 서로 편안하다고 느낄 수 있는 걸까?

주변 환경과 교제하는 대상에 따라 개인적 공간의 크기와 거리도 달라지는데, 그 실제적인 거리를 살펴보자면 다음과 같다.

45cm 이내는 친밀함의 거리다. 이 공간에서 이루어지는 소통에는 언어뿐 아니라 신체적 접촉도 포함된다. 팔짱을 끼거나 어깨동무를 하고, 붙어 앉는 등의 접촉으로, 서로의 체온과 냄새, 숨결도 느낄 수 있다. 보통 연인이나 가족, 친구 사이 정도만 이 공간에 들어갈 수 있도록 허용되기 때문에, 낯선 사람이 들어왔을 경우에는 불안이 유발된다. 예를 들어, 몹시 붐비는 버스나 지하철, 엘리베이터에서는 이 공간을 침범당하기 일쑤다. 이때 우리는 가능한 한 다른 사람과 눈이 마주치지 않도록 하고, 팔로 몸을 감싸 신체적 접촉을 최대한 줄이려고 한다. 옴짝달싹할 수 없는 엘리베이터 안에서 우리는, '빨리 이 시간이 지나갔으면 좋겠다' 하며 층수만 쳐다보고 있다.

45cm에서 120cm는 개인적 거리다. 팔을 뻗으면 상대방과

맞닿을 정도의 거리로, 상대방과 아는 사이긴 하지만 특별한 관계는 아닐 때 주로 이 정도 거리를 둔다.

120cm에서 370cm는 사교적인 거리다. 사무실에서 함께 일하는 사람들은 항상 이 정도의 거리를 두고 이야기를 나눈다. 가끔 마주치는 사람들과 안부를 주고받을 때도 마찬가지다. 사회적 관계 혹은 예의를 지켜야 하는 관계에서는 이 정도 거리를 유지한다. 흥미로운 사실은, 회사에서 직급이 높을수록 개인적 공간이 크다는 것이다. 따로 공간이 있거나 책상도 커서, 그 사람과 대화를 할 때는 그만큼 상당한 거리를 두게 된다.

130cm에서 750cm는 공적인 거리다. 강의나 공연에서 무대 위 사람과 청중이 유지하면 좋은, 이상적인 거리다.

심리학적으로 서로 다른 문화적 배경이 개인적 거리에 영향을 미친다는 연구가 있다. 남유럽 사람은 중유럽과 북유럽 사람보다 더 가깝고, 유대인은 프랑스 사람이나 북미 사람보다 훨씬 더 가깝다고 한다. 실제로 타인과 가까운 거리를 유지하는 게 익숙한 아랍인이 그와 정반대인 영국인을 만나 함께 걸으면, 서로 앞서거니 뒤서거니 하면서 접전을 벌이는 것처럼 보여서 우스꽝스럽다고 한다.

흥미롭게도 대화를 할 때 여성이 남성보다 상대방과 가까이 있는 것에 훨씬 익숙하다고 한다. 여성 둘이서 손을 잡고 걷는 모습은 흔히 목격할 수 있지만, 남성 둘이서는 손이 스치는 것도 꺼린다. 물론, 개인적 공간은 무엇보다 인간관계의 친밀도에 영향을 받는다. 두 사람의 관계가 친밀할수록 더 가깝고, 개인 공간에 대한 영역도 좁혀진다.

만약 누군가 당신과 친구가 되고 싶은지를 알아보고 싶다면, 대화를 할 때 그가 어느 정도 거리를 두는지 살펴보는 것도 방법이다. 당신에게 호의적이라면, 당신 쪽으로 고개나 몸을 기울이거나 조금 더 가까이 다가오려고 할 것이다. 개인적 거리를 중요시하는 사람 같다면, 당신도 거리를 지키면서 호감부터 쌓아가는 것이 좋다.

당신도, 상대방도 일정한 개인 공간이 확보되어야 상대방을 여유롭게 받아들일 수 있다. 그렇지 않으면 아무리 좋은 의도였다고 해도 서로 불쾌하기만 하다. 무슨 일이든 지나치면 좋지 않다는 사실을 기억하자.

호감을 내 편으로 만드는 연습

나와 비슷한 사람이 이렇게 많다고?

며칠 전 누군가 이런 글을 남겼다. 자기가 어떤 옷을 입든 밖에만 나가면, 꼭 자신과 같은 옷을 입은 사람과 마주친다는 것이다. 그제는 똑같은 셔츠, 어제는 똑같은 바지, 오늘은 똑같은 신발…… 그래서 그는 옷차림에 더욱 신경을 쓰기 시작했는데, 아이러니하게도 이런 일이 더 자주 일어난다고 했다.

심리학에서는 이런 현상을 '확증 편향Confirmation Bias'이라고 한다. 사람이 일시적이고 우연적인 요인에 관심을 갖게 되면서 이를 '보편적인 현상'으로 착각하는 것을 뜻한다. 이를테면 임신 전에는 전혀 몰랐는데, 임신 후에는 곳곳에서 임산부를 발견한다거나 벤츠를 운전하는 사람이 쉽게 벤츠를 찾아내고, 프라다를 입은 사람이 거리에서 프라다를 속속 발견해내는 것도 비슷하다.

확증 편향은 실제로 우리의 마음이 어느 정도 투영된 현상이라고 할 수 있다. 그래서 무엇이든 자신이 찾고자 하는 것을 찾아내고야 만다. 그것이 자신의 단점이라고 해도 말이다.

어느 날 무심코 거울을 보다가, '아무래도 나는 다리가 좀 짧은 편인 것 같은데? 허리가 필요 이상으로 긴 것 같아'라는 생각을 했다면, 그날 이후로 주변에서 다리가 짧거나 허리가 긴 사람을 찾아내기 시작한다. 그리고 '이 사람은 나보다 낫네, 저 사람은 나보다 심하네'라며 비교를 하는 것이다.

하지만 이런 행동은 스스로에게 별 도움이 되지 않는다. 그 단점에 계속 얽매이기 때문이다. '나는 운이 나빠' 같은 확증 편향에 빠져 있다면, 자신에게 생긴 좋은 일은 깡그리 무시하고, 운이 나빴던 일만 생각하게 된다. 이러한 확증 편향에 빠지지 않으려면 다음 두 가지를 기억해두자.

첫째, 자신의 장점을 발견할 수 있어야 한다. 인간관계의 아버지라 불리는 데일 카네기Dale Carnegie는 개인의 특징 중 약 80%가 장점이고, 단 20%만이 단점 혹은 부족한 점이라고 했다. 우리는 그 20%가 전부인 듯 매달리고 집착하는 것이다.

자신의 단점만 찾는 사람은 남에게서도 단점만 찾는다. 우리 중 단점만 찾아내는 사람과 어울리고 싶어 하는 사람은 없다. 인간관계에서는 자신의 장점을 극대화하는 동시에, 상대방의 장점 또한 인정하고 칭찬해줘야 좋은 관계를 이룰 수 있다.

둘째, 모든 일은 마음먹기에 달려 있다. 눈을 감고 최근 자신이 어떤 것에 마음을 두고 있는지 곰곰이 생각해보자. 부정적인 것에만 매달리지 않았는가? 괜한 일에 불평하고 있지 않았는가? 긍정적인 사람은 자신이 가는 길에 작은 태양이 빛을 발하고 있다고 생각한다. 생각과 마음이 어떤지에 따라서 인생의 방향이 달라진다. '어차피 안 될 텐데, 뭐'와 '되든 안 되든 최선을 다해보자'는 천지 차이다.

인간관계에서도 마찬가지다. 부정적인 사람은 부정적인 사람을 만나고, 긍정적인 사람은 긍정적인 사람을 만난다. 지금까지 부정적인 것들에 마음을 두고 있었다면 과감히 돌아서자. 긍정적인 것들에 마음을 두고 자신을 변화시키자.

호감을 내 편으로 만드는 연습

이 넓은 세상에서 누구를 믿어야 할까!

불확실하고 알 수 없는 것들로 가득한 이 세상에서 우리는 언제나 믿고 의지할 수 있는 사람을 찾고 싶어 한다. 인간관계 속 신뢰는 '어떻게 다른 사람을 신뢰할 수 있는가'와 '어떻게 다른 사람의 신뢰를 얻을 수 있는가' 이 두 가지 측면에서 생각해볼 수 있다.

전자의 경우는, 성장 이력이나 그간의 교제 방식 등 다른 요인의 영향을 많이 받는다. 이를테면, 학창 시절에 따돌림을 당했던 사람은 다른 사람과 가까워지는 데 부담감이 있다. 또, 부모님과 사이가 좋지 않았던 사람은 사랑에 대한 갈급함이 너무 커서 '주고, 속고, 다시 주는' 고통스런 굴레에서 벗어나지 못한다. 후자의 경우는, 상대방과 관계를 쌓아가는 동안 결정된다.

무엇보다 '나 자신을 신뢰하는 것'이 최우선이다. 자신을 신뢰하지 못하는 사람이 다른 사람을 신뢰하는 건 위험한 일이다.

우리의 이력과 경험은 바꿀 수 없지만, 앞으로의 인식은 얼마든지 바꿀 수 있다. 먼저 자신에 대한 깊은 이해를 통해 변화를 이룬 뒤에 다른 사람을 신뢰하자. 그 후에 다른 사람 또한 나를 신뢰하도록 시도해보자.

신뢰를 다지는 건 아주 긴 여정이다. 서로에 대한 이해와 안정을 천천히, 지속적으로 쌓아가는 것이다. 이 과정은 상호적이고 점진적이므로, 처음부터 상대방에게 간이라도 꺼내줄 듯 지나친 태도를 보여서는 안 된다. 오히려 역효과를 불러일으킬 수 있다. 상대방에게 좋은 일이 있을 때는 축하해주고, 어려움을 겪을 때는 아낌없는 지지와 격려를 보내면서 선의를 쌓아가야 한다.

누군가 어려움을 겪고 있을 때 위로의 말을 건네는 일은 쉽다. 하지만 좋은 일이 있을 때 진심으로 축하해주는 일은 어렵다. 마음속에 있던 열등감과 질투심이 자신도 모르게 고개를 들 수 있기 때문이다. 서로에게 생긴 좋은 일을 마치 자신의 일처럼 기뻐하고 응원한다면, 그 관계에는 아주 단단한 신뢰가 자리 잡고 있다는 증거다.

또, 한쪽은 항상 주고, 다른 한쪽은 받기만 한다면 관계의 균형이 깨질 수 있다. 친구 사이든 부부 사이든 모두 마찬가지다. 신뢰를 당연하게 여기지 않는 태도가 중요하다.

신뢰는 우리에게 안정감과 기쁨을 가져다주는 아름다운 경험이다. 단번에 얻을 수도 없으며, 많은 노력과 시행착오가 필요할 테지만, 경험해보면 그 모든 것이 가치 있었다는 사실을 깨달을 것이다.

호감을 내 편으로 만드는 연습

꽁꽁 싸맨 마음을 드러내야 할 순간

우리 주변에는 두 가지 유형의 사람이 있다.

한 유형은 여러모로 박식해서 국제 시사에서 일상적인 일에 이르기까지 모르는 주제 없이 술술 이야기를 이어나간다. 하지만 정작 상대방이 "그래서 네 생각은 어떤데? 네 이야기를 좀 해봐"라고 했을 때는 입을 다물어버린다. 혹시라도 누군가가 개인적인 일로 화제를 전환하면, 대수롭지 않다는 태도로 흘려듣다가 농담을 던질 뿐이다. 이 때문에 사교적인 성격이라도 허물없이 지내는 친구는 적은 편이다.

또 다른 유형은 말주변은 없을지라도, 항상 진실된 태도로 자신의 생각과 마음을 표현하여 남들과 거리를 좁히고 신뢰를 쌓아간다. 가깝게 지내는 친구도 많은 편이다. 이 두 유형의 사람이 서로 다른 인간관계를 맺는 이유는 뭘까? 이는 자기 노출의 정도와 관련이 있다. 우리가 누군가와 허물없는 사이가 되기 위해, 나의 솔직한 감정과 생각을 나누는 것을 심리적 용어로 '자기 노출'이라고 말한다. 다른 사람과 밀접한 관계를 맺기 위해서는 어느 정도의 자기 노출이 필수적인데, 이 또한 요령이 필요하다. 다음의 내용에서 살펴보도록 하자.

먼저 당신이 마음을 열고 상대방에게 자신을 보여줬는데, 상대방은 여전히 속마음을 숨기고 있다면 더 이상 가까워지기 어렵다. 반대로 상대방이 당신의 마음에 응하여 속마음을 진실하게 보여준다면, 서로 친밀감과 신뢰를 쌓아갈 수 있다.

우리가 가장 친하다고 하는 '찐친'은 누구보다 우리의 속마음을 잘 알고 있다. 감정적 유대도 깊어서 서로가 기쁠 때 함께 웃고, 슬플 때 함께 눈물을 흘린다. 서로 안다는 것은 서로 이해한다는 의미다. 서로 이해한다는 것은 마음을 안다는 의미다. 생각해보면 우리가 인간관계에서 얻을 수 있는 가장 가치 있는 것이 바로 이 감정적 유대가 아닐까 싶다. 하지만 자기 노출을 피하거나 엄두를 내지 못한다면 이러한 관계를 맺을 수 없다.

자신을 꽁꽁 싸매고 있으면, 다른 사람이 당신에게 상처를 주지 못할 테지만, 동시에 당신에게 가까이 다가갈 수도 없다. 평소 이웃이나 친구들에게 방어막을 치고 도움을 주지 않았다면, 당신이 어려움에 처했을 때 아무도 손을 내밀어주지 않을 것이다.

물론, 자신을 드러낸 후 상대방이 어떤 반응을 보일지는 전혀 예상할 수 없다. 따라서 자기 노출을 하지 않기 위해 일부러 다른 사람과 일정 거리를 유지한다고 해도 비난할 순 없다. 어쩌면 예전에 진실한 자신의 모습을 보여줬다가 상처를 받았거나 가족의 영향으로 속마음을 표현하지 않는 것이 습관이 됐을 수도 있다. 그럴 때는 속마음을 도무지 모르겠다는 둥 타박하거나 닦달하지 말고, 묵묵히 기다려주는 것이 답이다.

요즘 시대에는 실생활이 아닌 SNS에 자신의 솔직한 생각을 털어놓는 사람이 많다. 심리학자들은 올바른 정신건강을 위해서, 실제 생활에서 적어도 한 사람에게는 진실한 자신의 모습을 알리고, 이해시키는 것이 좋다고 말한다. 그렇게 하면서 SNS에 재기 발랄한 자신의 의견을 피력한다면, 심리적으로 건강하고 자아 가치를 실현하는 사람이다.

하지만 자기 노출이 많다고 좋은 것은 아니다. 항상 자기 자신에 대해 쉴 새 없이 떠드는 사람은 자기중심적으로 비춰진다. 깊은 자기 노출은 소수의 친한 친구에게만 하는 것이다. 보통 친구들이나 그와 비슷한 수준의 사람들에게는 적절하게 노출하는 것이 현명하다. 그리고 자신의 장점뿐만 아니라 단점을 적절히 노출하는 것도 중요하다. 너무 완벽해 보이는 사람과 교제하면, 상대방은 저도 모르게 열등감을 느끼기 때문이다. 너무 완벽한 사람이 쉽게 호감을 사지 못하는 이유다. 항상 과시하지 말고 일부로라도 작은 결점을 보여주도록 하자. 다른 사람이 당신보다 나은 점을 보더라도 너그럽게 봐주고 질투는 하지 말도록 하자.

호감을 내 편으로 만드는 연습

입장 바꿔서 생각하면 정말 모든 갈등이 해결될까?

이미 결혼할 나이를 훌쩍 넘긴 친구에게 이렇게 말할 수 있을까?

"내가 너라면 그 사람과 벌써 결혼했을 거야."

대기업에 다니는 친구가 회사를 그만둔다면 이렇게 말할 수 있을까?

"나 같으면 죽어도 안 그만둬!"

열심히 공부하지 않는 아이에게 이렇게 말할 수 있을까?

"나 같으면 죽어라 공부하겠다!"

사회적 동물인 인간은 매일 적지 않은 시간을 다른 사람에 대해 생각하는 데 쓴다. '지금 내가 하는 얘기에 관심이 있을까?', '아침에 커피 마시는 걸 좋아하는군', '오늘 표정이 좀 어두워 보이는데 무슨 일이 있나?' 이렇게 다른 사람의 말과 행동, 표정, 반응 등을 보고 지금 상대방이 무슨 생각을 하고 있을지 예측해보는 것이다.

이 과정은 무의식적으로 이루어지는 경우가 많다. 심리학자나 상담가, 프로파일러 등 타인의 행동과 의식을 분석하는 것을 직업으로 삼은 이들을 제외한 보통 사람들에게는 모두 생물학적 본능에 의해 일상적인 경험으로 이루어진다.

예를 들어, 당신이 회의 시간에 상사와 눈을 마주쳤다면, 다음 발언자는 당신으로 결정됐다는 것을 짐작할 수 있다. 상대방의 표정만 봐도 그 사람이 화가 났는지 단번에 알아차릴 수 있다. 이런 눈치와 판단은 누가 가르쳐주지 않아도 자라면서 배우게 되는 것들이다. 점점 성숙해지고, 너무 자연스럽게 몸에 배어서, 그 과정을 하나하나 인식하지 않아도 될 정도다.

그러나 바로 이 때문에 판단을 그르치는 경우가 많다. 상대는 아무렇지 않은데, 화가 났다고 오해하거나 상대의 의향을 묻지도 않고, 그저 느낌으로 넘겨짚어 실수를 범한다.

여기서 우리에게 아주 익숙한 단어 하나가 떠오른다. '역지사지', 다른 사람의 입장에 서서 생각하라는 뜻의 사자성어다. 심리학에서는 '조망 수용Perspective Taking'이라고 하는데, '자신이나 타인의 삶과 마음에 대해 조망한다'는 뜻으로, 세상과 타인을 인정하고, 객관적인 눈으로 바라본다는 의미로 해석된다.

우리는 모든 일에 무의식적으로 자신의 입장과 감정을 대입시키기 때문에 제대로 된 역지사지를 실천하기란 정말 어렵다. 자칫하면 '내가 너라면 이랬을 텐데'의 함정에 빠지고야 만다. 누군가 당신에게 어려움을 호소할 때 "아직도 그게 불만이야? 내가 너라면 기뻐서 춤이라도 출 텐데, 복에 겨운 소리하고 있네"라고 책망해버리는 것이다. 이는 역지사지가 아니라 단지 강박적 '입장 바꾸기의 오류'에 지나지 않는다. 그저 상대방이 자신의 생각을 받아들이도록 강요하는 것이 목적일 뿐이다.

마찬가지로, 비혼 선언을 한 사람에게 무작정 생각을 바꾸라고 말해봤자 아무 소용이 없다. 오히려 더 큰 반감만 산다. 당신은 그가 아닐뿐더러, 그런 결정을 내리기까지의 상황이나 감정을 겪어본 적이 없다. 제대로 된 역지사지와 깊은 이해 없이 무작정 '나 같으면 이렇게 해'라고 말해봤자 서로 불쾌하기만 하다.

또한, 다른 사람과 분쟁이 있을 때 우리는 상대방이 무슨 말을 하든 '틀렸다'는 꼬리표를 붙이곤 한다. 하지만 그 이전에 상대방을 이해하려는 최소한의 시도는 해봐야 하는 것이다. 물론, 그러려면 지금까지 단 한 번도 생각해본 적 없는 관점에서 접근해야 할지도 모른다. 아주 어려운 일이긴 하지만, 그것이 해결의 실마리가 될 수 있다.

세상에는 다양한 사람과 다양한 생각이 있다. 그들과 함께 이 세상을 잘 살아가려면, 언제든 당신의 머리와 가슴을 활짝 열어두고, 다른 가치관과 사고방식을 받아들일 수 있어야 한다.

호감을 내 편으로 만드는 연습

다른 사람에 대한 지나친 관심을 주의하라

"대박! A 배우 바람났대! 그런데 어떻게 자기 아내한테 그렇게 떳떳할 수 있지?"

유명 스타가 바람이 났다고 하면, 벌써 실시간 검색어에 민감한 단어들이 줄줄이 오른다. 다른 사람의 사생활에 관심이 많고, 엿보기 좋아하는 일부 사람들은, 하루 종일 이 이슈에 매달려 일도 내팽개친다. 그런데 연예인이 불륜을 저지르거나 이혼하는 것이 대체 우리 삶과 무슨 상관이 있는가? 그들은 단지 직업이 배우나 가수인 것이지, 우리와 똑같은 보통 사람에 불과하다.

요즘은 누구든 쉽게 SNS를 통해 이슈를 접하고, 실시간으로 감정을 표현할 수 있기 때문에 파급력이 더 크다. 그래서 오랫동안 전통적 도덕 논리에 짓눌렸던 관음증이 이 시대에 와서 폭발하고 만 것이다.

지나친 관음증은 사람을 지루하고 분주하게 만든다. 처음에는 흥미거리 정도로 여기다가 어느새 점점 더 자극적인 얘기를 찾는 데 집착한다. 특히 이때 접하는 가십이나 커뮤니티 글은 주관적인 색채가 짙고, 편파적인 발언이 많다. 여기서 또 다른 여론이 파생되기 때문에, 어떤 사건에 대한 본질을 잊어버리기 쉽다. 그래서 거기에 중독된 사람들은 합리적 사고와 판단력이 사라진 의견을 내놓기도 하고, 흥분이 극에 달해서 자신도 모르게 극단적인 행동을 하기도 한다. 자칫하면 실제 자신의 삶에까지 영향을 미칠 수도 있기 때문에 관음증을 다스리는 것은 매우 중요하다.

연예계 가십과 웹상에 떠돌아다니는 낚시글에 지대한 흥미를 느끼는 사람은 주로 자신의 삶에 대한 믿음이 부족하다. 몸과 마음이 건강한 사람은 다른 사람의 삶에 지나친 관심을 쏟지 않는다. 어떻게 하면 자신의 삶의 질을 높일 수 있을지 고민하는 데 시간과 노력을 쓴다.

다른 사람의 삶을 들여다보는 것을 멈추지 않으면, 거기에 매몰될 수 있다. 따라서 자신의 집중력을 다른 곳으로 돌릴 필요가 있다. 그림 그리기나 노래 부르기 등 평소 자신이 좋아하는 일을 시작해서 다른 사람에게 쏟았던 관심을 오로지 자신에게만 집중시키면, 가십 따위에 더 이상 빠져들지 않는다. 이제 다른 사람의 인생이 아닌, 지금의 내 인생에 집중하자.

함께 있어도 외로운 사람을 위한 심리수업 3

마음을 태도에 담아내는 사람에게 끌린다

따뜻함에는 무엇보다 강력한 힘이 있다.
나는 당신이 마음속에 따뜻함과 부드러움을 지니고 있다고 믿고 있다.
이제 그것을 다른 사람 앞에서 잘 꺼내놓기만 하면 된다.

마음을 태도에 담아내는 사람에게 끌린다

따뜻함에는 비교할 수 없는 힘이 있다

'신이 가진 엄청난 권세는 부드러운 미풍 속에 있는 것이지, 광풍과 폭우 속에 있는 것이 아니다.'

인도의 철학자 타고르Rabindranath Tagore가 쓴 시다. 지금 이 글을 읽고 있는 여러분은 아마 다음의 이야기를 들어봤을 것이다. 꽁꽁 싸맨 나그네의 옷을 벗길 수 있는 건, 매서운 바람이 아니라 따뜻한 햇볕이라는 이야기 말이다. 이 이야기의 교훈을 심리학적으로 설명해보자면 다음과 같다. 바람은 강제로 변화를 강요했고, 햇볕은 내재된 욕구에 맞춰 자연스러운 변화를 이끌어냈다는 것이다. 이번 장에서는 이에 대해 이야기해보고자 한다. 인간관계에서 사람의 마음을 움직이는 가장 효과적인 것은 '따뜻함'이다. 사람이 사람에게 전하는 따뜻함보다 마음을 감동시키는 것은 없다.

캘빈 쿨리지John Calvin Coolidge 전 미국 대통령에게는 미모가 아름다운 비서가 있었다. 그런데 이 비서에게는 업무상 실수를 자주 저지른다는 문제가 있었다. 어느 날 아침, 쿨리지는 비서가 사무실로 들어오는 것을 보고 이렇게 말했다.

"오늘 입은 옷이 아주 멋지네요. 젊고 활기찬 당신에게 잘 어울리는 색깔이군요."

칭찬을 들은 비서는 너무 기뻐서 몸 둘 바를 몰라 했다. 쿨리지가 이어서 한마디를 덧붙였다.

"당신의 업무처리 능력도 지금 당신의 모습처럼 완벽했으면 좋겠어요."

쿨리지가 부드럽고 유머러스하게 표현한 덕분에 그녀는 자신의 단점을 깨닫고, 그 이후로는 실수를 거의 하지 않았다. 이처럼 상대방의 체면을 깎아내리지 않으면서도 우리의 목적을 달성할 수 있다면 이보다 일거양득인 경우가 없다.

특히 직장생활에서는 따뜻하고 부드럽게 표현할 줄 아는 능력이 필요하다. 같은 팀 동료와 함께 프로젝트를 진행하고 있는데, 그의 실수가 자꾸만 진행을 늦추고 있다. 이때 벌컥 화를 내고, 성급하게 따져 물으면 동료와의 관계도 틀어지고, 이어지는 후속 작업에도 차질을 빚는다. 이럴 때일수록 부드러운 방식으로 처리하는 것이 좋다. 어쨌든 함께 실수의 근본적인 원인을 찾아내야 문제를 해결할 수 있다. 실수한 동료를 위로하고, 무엇이 문제인지 부드럽게 짚어주는 것이다. 그러면 그 동료는 미안한 마음에 더 적극적으로 실수를 만회하려고 할 것이다.

두보杜甫의 시 〈춘야희우春夜喜雨〉에 '소리 없이 만물을 적신다'라는 구절이 있다. 이처럼 때로는 소리 없이 만물을 적시는 언어가 강압적인 방법보다 훨씬 효과적일 수 있다. 우리가 다른 사람을 변화시키고 싶을 땐 최대한 강압적이지 않고, 부드러운 방식을 취하도록 하자. 그러면 우리의 목표 달성에 유리할 뿐 아니라 사람의 마음을 얻는 데도 용이하다. 따뜻함에는 무엇과도 비교할 수 없는 강력한 힘이 있다. 나는 여러분이 따뜻함이 강점인 사람이 되기를 바란다.

마음을 태도에 담아내는 사람에게 끌린다

저 사람은 왜 사랑받을까?

A양과 B양은 같은 대학을 졸업하고 같은 회사에 인턴으로 들어갔다. 두 사람의 업무 능력은 비슷했지만, A양이 야무진 성격으로 열심히 일한다는 평가를 들었다. 그런데 실습이 끝난 후 회사는 의외로 B양을 채용하기로 결정했다.

"B양은 가끔 덜렁대긴 하지만, 오히려 발전 가능성이 있어 보입니다. 그녀는 매일 일찍 출근해서 동료들에게 안부를 묻고, 기분 좋은 미소를 건넸습니다. 온갖 일을 나서서 하면서도 불평 한 번 하지 않았어요. 그녀와 함께 일하면 하루하루가 즐거울 거라는 생각에 채용을 결정했습니다. 아직 일이 서툴지만, 그녀라면 누구든 나서서 도와주려고 할 거예요. A양은 일을 워낙 꼼꼼하게 해서 눈에 띄는 실수는 없었지만, 차갑고 이기적인 성격이라 대하기 어려웠습니다."

당신 주변에도 틀림없이 이런 사람이 있을 것이다. 항상 당신을 편안하게 해주고, 따뜻하게 대해주는 사람 말이다. 당신이 필요로 할 때는 적극적인 자세로, 정곡을 찌르는 조언을 건네지만, 그것은 결코 가시 돋친 말이나 면박이 아니다. 다른 사람을 늘 생각하는 따뜻한 마음이 스스로 빛을 발하며, 모든 사람에게 두루 사랑받는다.

이쯤에서 이런 질문이 생겼을 거라고 생각한다. 대체 따뜻하다는 건 무슨 뜻일까? 어떻게 하면 그런 사람이 될 수 있을까? 사실 이는 그렇게 어렵지 않다. 당신의 성격을 바꿀 필요도 없이, 다음과 같은 작은 시도면 충분하다.

'말씨는 날카로워도 마음은 부드럽다'는 논조는 버리자. 당신 마음에 호의가 있다면 가시 돋친 말은 하지 말자. 왜 마음과 다른 말을 하는가? 언어는 순식간에 사람을 쿡 찔러 죽일 수 있는 칼과 같다. 당신의 말이 상대방을 깊숙이 찌르는 그 순간에 대체 어떻게 본심은 다를 거라는 판단을 할 수 있겠는가?

예를 들어, 친한 친구가 실연당했다는 소식에 당신은, "뭐야,

고작 그런 사람 때문에 힘들어하는 거야? 가는 사람 잡지 말고, 오는 사람 막지 말라는 말도 있잖아. 얼른 잊어버려"라고 말했다. 당신은 굳게 마음을 먹으라는 의미에서 말했겠지만, 듣는 사람 입장에서는 기분이 나빠져 괜히 말했다는 생각이 들지도 모른다. 이럴 때는 화법을 조금 바꿔보는 것만으로도 도움이 될 수 있다.

"지금 너무 힘들겠지만 더 좋은 사람 만날 수 있을 거야. 네 옆엔 내가 있으니 힘내."

이렇게 말해보는 것은 어떨까? 물론, 친구의 기분이 당장 좋아지거나 정리되진 않겠지만, 누군가 자신의 상처를 따뜻하게 어루만져줬다는 사실만으로도 큰 위로가 될 것이다.

'공감'의 중요성을 이해하자. 어떤 문제가 생겼을 때 다른 사람의 입장에서 바라보고 생각하는 것은 언제나 중요하다. 이때 몇 가지 주의점이 있다.

하나, 자신의 입장에서 생각하는 것은 금물이다. 어떤 문제를 해결할 때 자신의 과거 경험을 참고할 수 있지만 그렇다고 해서 완전히 똑같이 적용해서는 안 된다.

둘, 당신의 관점과 당사자의 관점이 일치하지 않을 때는, 무조건 당사자의 선택을 존중해야 한다.

셋, 누군가 마음의 갈피를 잡지 못하고 있어서 당신이 올바른 방향을 제시해주고 싶을 땐, 문제에 대한 깊은 대화를 나눠본 후에 조언해주자. 소통 과정에서 상대방의 설명이 모호하다면, 자신이 이해한 내용을 바로 다시 "이렇게 이해한 게 맞아?" 등의 질문을 통해 확인해보며 정확한 의미를 찾아나가야 한다.

우리가 아는 사람을 만났을 때 반갑게 인사를 나누는 것은 쉽게 할 수 있는 일이다. 설령 일면식 없는 사람을 만났더라도, 선의의 미소를 보내는 것 정도는 할 수 있다. 나는 당신이 마음속에 따뜻함과 부드러움을 지니고 있다고 믿고 있다. 그것을 다른 사람 앞에서 잘 꺼내놓기만 하면 되는 것이다. 그러면 세상도 당신이 베푼 마음을 그대로 돌려줄 것이다. 당신은 그럴 만한 가치가 있는 사람이기 때문이다.

마음을 태도에 담아내는 사람에게 끌린다

첫 단추를 잘못 채웠다면 다시 채우면 된다

즐거운 마음으로 여행을 떠난 당신, 그런데 마침 그때 미세먼지에 황사가 불어닥쳤다면, 그곳의 첫인상은 그리 좋지 않을 것이다. 마음속으로 '여긴 평소에도 자주 이런가? 다음에는 여기 말고 다른 데를 가야겠어'라고 되뇐다.

처음 가본 식당에서 식사를 하는데, 종업원의 불량한 서비스 태도 때문에 기분이 좋지 않다. 그러면 식당에 대한 첫인상도 좋지 않을 뿐 아니라 식당의 관리 체계도 의심스럽다. 다른 부분에도 반드시 문제가 있을 거라고 생각해서 그 후로는 절대 그 식당에 가지 않는다.

이처럼 우리는 첫인상에 큰 영향을 받는다. 심리학자들은 첫인상이 가끔씩 달 주변에 나타나 서서히 번져나가는 달무리와 비슷하다고 해서, '후광 효과'라는 좀 더 낭만적인 이름을 붙여줬다. 후광 효과는 어떤 대상이나 사람에 대한 좋거나 혹은 나쁜 인상이 구체적인 특성을 평가하는 데 영향을 미치는 것을 말한다. 후광 효과라는 이름은 아름답지만, 우리에게 주는 인식은 매우 단편적이다.

예를 들어, 소개팅에서 외모가 너무 마음에 드는 사람을 만났다면, 후광 효과가 발동해 그가 어떤 사람인지 알기 전에 긍정의 꼬리표를 붙이는 것이다. 그가 가진 단점도 장점으로 바꿔 생각해서 그의 열등감을 겸손함으로, 소심함을 신중함으로 여긴다.

또, 학생이 PC방에 들어가는 모습을 목격한 선생님이 그 학생의 품행에 대해서 의심하는 것도 마찬가지다. 왜 이런 현상이 생기는 걸까?

우리는 다른 사람에게 자신의 모습을 투사하는 성향이 있다. '투사'는 자신의 심리적 특징을 다른 사람에게 부여하는 것을 말한다. 주로 스스로 인정하기 싫은 단점이나 충동 등을 기피하기 위해 다른 사람에게 전가하는 방식으로 이루어진다. 이를테면 자신이 거짓말을 하는 습성이 있다면 남에게 그런 습성이 있다고 탓해버리는 것이다.

이와 함께 감정이나 기대를 부여하는 경우도 있는데, 실은 그 또한 스스로에게 바라는 것들이며, 다른 사람이 그 기대를 저버리면 불만을 터뜨리고 화를 내기도 한다. 즉, 다른 사람을 있는 그대로 보지 않고 자신의 기대와 환상으로 바라보는 것이다.

만약 당신이 다른 사람에게 실망하는 일이 많다면, 혹시 지나친 투사를 하고 있지는 않은지 돌아봐야 한다. 그리고 다른 사람을 보기 이전에 자신부터 객관적으로 바라보며 올바른 인식을 가지도록 노력해야 한다. 자신이 하기 싫은 일을 남에게 강요하지 말라.

고정관념 때문이다. 사회적으로 보편화된 통념에 맞춰 생각하는 것이다. 예를 들어, 상인은 모두 사리에 밝아야 하고, 교사는 점잖고 고상해야 한다는 인식 같은 것들 말이다. 실제로 장사를 한다고 해서 다 잇속만 차리는 것은 아니며, 교사라도 괄괄하고 거친 면이 있을 수 있다. 이런 고정관념을 계속 안고 가면 사람을 편협한 시각으로만 바라보게 된다. 이는 인간관계에 전혀 도움이 되지 않는다. 우리는 오직 교제를 통해서만 그들이 어떤 사람인지 판단할 수 있다는 사실을 항상 명심해야 한다.

좋은 인간관계를 위해서는, 처음에 받은 인상이 확산되는 것을 막아야 한다. 어떤 사람이나 문제에 대해 첫인상이 좋았든 나빴든 그것을 판단의 근거로 삼지 말아야 한다. 그 대상이나 문제를 깊이 이해하려는 노력이 먼저다. 그다음에 판단해도 늦지 않는다.

만약 자신이 가진 주관적인 인상을 떨쳐버릴 수 없다면, 다른 사람들은 어떻게 생각하고 있는지 관찰해보자. 새로운 느낌과 인식을 자꾸 접하면서 기존의 생각이 달라질 수 있다.

마음을 태도에 담아내는 사람에게 끌린다

인간관계는 작은 단서로부터 시작한다

누군가와 만날 때 우리는 '이 사람은 친절한 성격이네', '저 사람은 진중한 편이네' 같은 생각을 하곤 한다. 인간관계는 이러한 작은 단서로부터 시작한다고 할 수 있다. 그 단서에 살을 붙여나가면서 상대방에 대한 '이미지'를 구축하는 것이다.

우리는 새로운 장소나 환경에 가면, 거기서 마주하는 상황과 사람들을 과거 경험에 비추어 바라본다. 예를 들어, 우리가 새로운 회사에 입사했을 때 자신의 과거 경험 혹은 느낌에 따라, '친해져야 할 동료와 피해야 할 동료'와 같은 분류를 진행하고, 이에 따라 새로운 인적 네트워크를 형성하는 것과 같다. 여기서 첫인상과 같은 단서가 중요한 역할을 한다.

당신의 첫 출근 날, 어떤 사람이 다가와서 먼저 인사를 건넸다면, 당신은 그에게 고맙기도 하고, 그가 참 친절하다고 생각할 것이다. 자연스럽게 그와 더 가까워지기 위해 친절과 포용을 베풀고, 설사 그가 사소한 실수를 했더라도 못 본 척 눈감아주곤 한다. 이런 현상을 심리학에서는 '초두 효과Primacy Effect'라고 한다.

한 번 형성된 이미지가 영원히 고정되는 것은 아니다. 서로 첫눈에 반한 커플도 일정 기간 동안 연애를 하다가 헤어질 수 있는 것처럼, 처음에 받았던 느낌은 시간이 지나면서 희석되기 마련이다. 또, 첫인상이 그리 좋지 않았던 사람이 나중에는 죽고 못 사는 친구로 바뀔 수도 있다.

이런 변화가 가능한 이유는, 한 사람의 이미지가 만들어지는 과정에서 각각의 품성이 차지하는 역할이 다르기 때문이다. 성실한지, 뺀질거리는지, 겉은 무뚝뚝해도 마음은 따뜻한지, 아니면 그 반대인지 등은 한 번만 보고 판단할 수 있는 요소가 아니다. 교제를 이어나가는 동안 진짜 모습이 서서히 드러나게 되고, 이로 인해 처음에 갖고 있던 이미지가 바뀌기 시작하는 것이다.

만약 다정한 이미지의 동료가 한참 지나고 보니, 일을 미루고 책임을 회피하는 모습을 보인다고 해보자. 다정한 이미지가 줬던 호감도가 점점 떨어지고, 불성실한 이미지가 자리 잡는다. 그에 비해 그동안 무뚝뚝하다고 생각했던 동료가 묵묵하고 성실한 사람이라는 것을 깨닫는다.

어떤 사람에게서 한 가지 품성이 두드러지면, 사람들은 당연히 그 점에 더 많은 관심을 갖게 되고, 그것을 그 사람의 대표 이미지로 생각한다. 따라서 그 이미지와 다소 충돌하는 품성이 드러나면 좀 더 크게 놀라는 것이다. '귀여운 이미지의 아이돌이 사실 애주가였어?', '열정적이고 활발한 청년이 게임 중독자라고?' 하며 상반되는 이미지에 혼란스러워 한다. 그러므로 한 사람을 알아갈 때는 두드러지는 품성에만 국한되지 말고, 전반적인 이해가 필요한 것이다.

평소에 차가운 이미지가 있던 사람이 길고양이에게 밥을 챙겨주는 모습을 보고, '실은 아주 다정한 사람이었구나'와 같은 생각의 전환이 일어나는 것을 '최신 효과'라고 한다. 최신 효과는 가장 마지막에 제시된 정보를 더 잘 기억하는 현상을 말하는데, 사람의 이미지 형성에도 동일하게 적용된다.

또한, 이미지는 그가 어떤 그룹에 속해 있었는가의 영향도 받는다. 특정 집단과 그 구성원에 대해 선입견을 갖는 것은 흔한 일이다. 유대인은 똑똑하고, 영국인은 신사이며, 독일인은 진지하다는 생각 등을 예로 들 수 있다. 이런 이미지 덕분에 서로 알아가는 과정에서 금세 친해질 수도 있지만, 개인의 특징이 덮일 수도 있다.

이미지를 형성하는 데 이렇게 다양한 패턴들이 얽혀 있다니, 그러고 보면 우리 뇌는 정말 신기한 존재가 아닐 수 없다. 그러나 나는 우리 뇌를 너무 믿어서 현혹되지 말라고 말해주고 싶다. 앞에서 언급한 후광 효과가 바로 이미지 형성 오류의 대표적인 경우이니 말이다.

그러므로 당신이 앞으로 누군가를 만날 때 원래 갖고 있던 선입견은 버리고, 0에서부터 그 사람을 알아가도록 하자. 어떻게 보면 인간관계를 잘 맺는 것은 예술, 더 나아가 기술이나 다름없다. 나는 당신이 계속해서 이 기술을 배우고 실천함으로써, 자신의 울타리를 넘어서고 더욱 사랑받는 사람이 되었으면 좋겠다.

마음을 태도에 담아내는 사람에게 끌린다

SNS 프로필 사진이 내 인상을 결정한다?

며칠 전 나는 사촌 동생과 SNS 프로필 사진에 대한 흥미진진한 이야기를 나눴다. 사촌 동생은 평소에 SNS 프로필에 본인 사진을 게시하는 편인데, 이목구비가 뚜렷하고 웃는 것이 매력적인 인상이라, 항상 많은 사람이 그녀에게 말을 걸곤 한다.

어느 날 그녀는 친한 친구와 함께 재미로 프로필 사진을 엽기적인 돼지 사진으로 바꿨다. 그 당시에 그녀는 대학교에 입학한 지 얼마 되지 않았었는데, 그때부터 사람들이 '돼지후배'라고 부르기 시작했다. 그 후에 프로필 사진을 문예적 조예가 깊어 보이는 여행 사진으로 바꿨더니 사람들의 반응이 뒤집혔다. 어제까지만 해도 돼지후배라고 부르던 사람들이 일부러 말을 걸거나 사과까지 하면서, 사실은 그녀와 친해지고 싶다고 했다는 것이다.

"언니, 이게 대체 무슨 일인지 모르겠어. 프로필 사진이 뭐라고 내 이미지에 이렇게까지 영향을 주는 거야?"

SNS 프로필 사진이 인상에 영향을 줄 수 있는 이유는 인지심리학과 관련이 있다. 이에 대한 대니얼 카너먼Daniel Kahneman의 연구에 따르면, 우리 뇌가 정보를 처리하는 방법에는 다음 두 가지가 있다고 한다.

첫 번째, 정보를 신속하고 직감적으로 처리하는 방법으로, 사람 혹은 사물을 인식할 때 큰 힘을 들이지 않는다. 1 더하기 1은 2라고 바로 대답하는 것처럼 익숙한 길을 운전하거나, 웃고 있는 사람만 봐도 그 사람이 기분이 좋다는 걸 알 수 있는 것 등이 여기에 해당한다. 정보를 처리하는 속도는 매우 빠르지만 그래서 오히려 쉽게 실수를 범하기도 한다.

두 번째, 정보를 이성적이고 침착하게 처리하는 방법이다. 이 방법은 꽤 많은 노력을 필요로 한다. 복잡한 수학 문제를 풀거나, 초행길을 운전하거나, 상사가 당신에게 의미심장한 말을 할 때 등이다. 이럴 때에는 정신을 집중해야 문제를 해결할 수 있다. 직관만으로는 역부족이다.

우리는 대부분의 상황에서 첫 번째 인지방법을 선택하고, 비교적 강력한 동기가 있을 때에만 두 번째 인지방법을 사용한다.

이제 막 알아가야 하는 사람이 생기면 우리는 제일 먼저 그의 SNS 프로필 사진이나 피드 등을 살펴보며 어떤 사람인지 짐작해본다. 특히 프로필 사진은 당신이 상대방을 추가한 그 시점에서 가장 빨리 볼 수 있는 정보다. 그리고 여기서 대부분 첫 번째 인지방법으로 정보를 처리하기 때문에 내 사촌 동생이 겪은 일처럼, 프로필에 돼지 사진을 올렸다고 돼지후배로 불리는 것과 같은 일이 생기는 것이다.

이미 우리는 SNS가 주요 커뮤니케이션 수단이 된 시대에 살고 있다. SNS 프로필 사진이나 피드에 어떤 사진을 올리는가가 그 사람을 판단하는 기준이 되기도 한다. 물론, 그것들이 당신 전부를 설명해줄 순 없다. SNS 사진은 하나의 상징에 불과하다. 가장 중요한 건 당신이 좋아야 한다는 것이다. 당신이 가진 장점을 SNS라는 렌즈로 확대시킬 필요는 없다는 것을 기억하자.

마음을 태도에 담아내는 사람에게 끌린다

좋은 대화 상대는 항상 좋은 경청자다

당신은 한 모임에서 만난 사람과 친해지기로 마음을 먹고, 용기를 내서 연락처를 물어봤다. 다행히 그 사람도 당신과 친구가 되고 싶다며 연락처를 알려줬다. 다음 날 그 사람에게 연락을 하려는 당신, 처음이니까 메시지가 좋겠다는 생각까지는 했는데, '근데 뭐라고 보내지?' 고민에 빠지고 말았다. 이때 필요한 것이 바로 대화의 기술이다.

나는 두 사람이 처음 만났을 때 서로를 알아가는 데 채팅만한 것이 없다고 생각한다. 부담스럽지 않고, 화제를 생각할 여유도 있고, 말보다는 실수가 덜하다. 그런데 잘 모르는 사이에서 채팅을 하다 보면, 어딘지 모르게 자신이 의도한 바와는 다르게 흘러가는 듯한 느낌을 받기도 한다. 막상 대화를 나눠보니 서로의 화법이나 관심사, 유머 코드 등이 다를 수 있기 때문이다.

하지만 이때 포기하지 않고 대화를 이어가려는 열정을 지피는 사람이 있는가 하면, 어색함을 견디지 못하고 흐지부시 끝내버리는 사람도 있다. 왠지 모르게 분위기가 어색하고, '대화가 끊어지는' 상황이 발생하는 이유는 무엇일까?

내가 대학교에서 서예 동아리에 들어갔을 때의 이야기를 해주고 싶다. 동아리에 가입하고 처음으로 동아리 방에서 사람들과 이야기를 나누던 날 인상 깊은 남자가 한 명 있었다. 그는 서예가 집안에서 태어나 어릴 때부터 붓을 쥐고 한자를 썼다고 했다. 그가 바로 내 옆에 앉아 있었기 때문에 나는 그날 내내 서체의 구조와 운필 기법에 대한 이야기를 들었다.

나는 서예에 흥미가 있어서 동아리에 들어가긴 했지만, 그런 전문적인 내용을 듣고 있자니 머리가 멍해졌다. 여러 번 화제를 다른 데로 돌리려고 시도해봐도, 그는 내 반응에 아랑곳하지 않고 쉼 없이 서예 강의를 이어갔다. 완전 질려버린 나는 그다음부터는 그를 보기만 해도 피해 다녔고, 대화는 일절 하지 않았다.

이 남자는 그저 '나는 말할 테니, 너는 들어'라는 태도로, 상대방이 다른 화제를 꺼내도 억지로 다시 화제를 돌려서 자기가 하고 싶은 얘기만 했다. 이러면 상대방은 영혼 없는 반응을 하게 되고, 결국 대화는 끊어지고 만다. 대화를 할 때는 캐치볼을 하듯 서로 말을 주고받아야 한다. 혹시 상대방이 어느 순간부터 '네', '그렇군요' 같은 단답형으로만 대답하기 시작했다면, 너무 내 이야기만 하지 않았는지 돌아볼 필요가 있다.

적절히 질문도 하고, 이야깃거리도 꺼내놓으며, 나름 잘한 것 같은데 대화가 끊어졌다면, 혹시 평가식의 반응만 내놓지는 않았는지도 돌아봐야 한다. 상대방이 어떤 이야기를 했을 때는 그냥 들어주고 호응을 해주면 되는데, 구태여 '그건 이렇고, 이건 저렇고'라는 식의 정리와 평가를 할 필요는 없다. 자기가 생각했을 때는 적극적으로 반응해준 것 같아도, 상대방의 입장에서는 평가일 뿐이다.

상대방도 처음에는 신경 쓰지 않겠지만, 점점 대화가 깊어지고 오래 지속될수록 '이 사람은 왜 계속 내 행동이 어떻고, 생각이 어떻고를 평가하는 거지?'라는 생각에 대화를 이어가고자 하는 의지를 잃게 될 것이다. 이것이 바로 우리가 가끔 대화를 하다가 갑자기 말하기 싫어지는 이유다.

살면서 우리가 만난 좋은 대화 상대는 항상 좋은 경청자였다. 그들의 가장 큰 특징은 편안하고 위압감 없는 대화 분위기를 조성한다는 점이다. 그들은 먼저 상대방의 이야기에 관심을 갖고, 무슨 일이 일어났는지 이해한 뒤, 그에 대한 모든 평가는 내려놓고 상대방의 감정에 반응해준다. 그리고 이야기 중인 상대방에게 격려를 건네며, 세부적인 영역까지 말할 수 있도록 이끌어준다. 그래서 이런 사람과 대화를 하고 나면 속이 후련해지는 느낌을 받는다. 내 마음을 나보다 더 잘 알아주는 것 같다. 그러니 사실 대화의 기술을 터득하기 위해서는 듣는 연습부터 해야 하는 것이다.

마음을 태도에 담아내는 사람에게 끌린다

순풍에 돛 단 듯 대화를 이어나가는 방법

처음 보는 사람들과 함께 모여서 이야기를 나눌 때 종종 다음과 같은 상황을 마주하게 된다.

이리저리 머리를 굴려서 어떻게든 흥미로운 주제를 찾아내 끊임없이 대화를 이어가는 사람이 있다. 그런데 그의 이야기가 끝난 뒤, 사람들은 대체 그가 무슨 말을 하고 싶은 건지 의아해할 뿐이다. 보통 이런 사람은 어느 정도 언변이 뛰어난 쪽에 속한다. 다만, 그렇기 때문에 하고 싶은 이야기가 너무 많다는 게 탈이다. 듣는 사람이 어떻든 간에, 자기가 아는 온갖 이야기를 해야 한다는 강박에 쫓기며 두서없이, 맥락없이 말을 이어간다.

반면, 그저 편하게 이야기를 나누는 사람은 특별한 점은 없지만, 사람들의 이목을 사로잡는다. 거의 모든 사람이 그와 이야기를 나누고 싶어 하고, 그가 하는 이야기에 귀를 기울인다. 이처럼 같은 상황에서 서로 다른 반응을 얻는 이유는 뭘까? 나는 이것이 '화제 선택의 차이'에 있다고 본다.

대화 속 화제 선택은 현재 우리가 있는 자리와 깊은 연관이 있다. 공식적인 자리와 비공식적인 자리에서 다뤄지는 화제는 분명히 다르다. 비공식적인 자리보다 공식적인 자리에서 화제를 선택하는 것이 더 쉬운데, 이는 모두가 특정한 목적을 가지고 그곳에 왔기 때문이다. 대부분 사회자도 있어서 공통 화제가 부족하지 않고, 억지로 어색한 대화를 이어갈 필요가 전혀 없다. 그렇다면 사교 모임 같은 비공식적인 자리에서는 어떤 화제를, 어떻게 전개해야 성공적인 '아이스 브레이킹'이 될 수 있을까?

우선 처음 만나면 서로에 대한 인식과 이해가 부족하고, 상대방의 관심사도 모르기 때문에 한순간에 서로를 만족시킬 수 있는 공통 화제를 찾기가 쉽지 않다. 이와 관련된 간단한 노하우 몇 가지를 이야기해볼까 한다.

첫째, 너무 어렵게 생각하지 말자. 요즘은 키워드 시대다. 음식, 운동, 스포츠, 드라마, 독서, 영화, 육아, 캠핑, 유튜브 등 다양한 화제가 널리 알려져 있고, 그 진입 장벽이 낮기 때문에 여러 사람이 어렵지 않게 향유할 수 있다. 그러니 너무 어렵게 생각하지 말고 이 중에 내게 친근한 화제를 먼저 꺼내보자. 최근 유행하는 드라마에 대한 이야기를 시작으로 대화를 넓혀 가거나 한창 인기 있는 영화에 대한 감상을 나누는 것도 좋은 방법이다.

이런 방법은 아주 단시간에 어색함을 깨도록 도와주고, 더 나아가 취미를 공유한다는 느낌을 주기도 한다. 어쩌다 우연히 같은 야구팀을 응원하거나 같은 선수를 좋아한다면, 이야기의 불씨는 절대 꺼지지 않을 것이다. 정치나 경제 문제에 대해 의견을 나눌 수도 있다. 어쨌든 키워드를 이용하면 대부분 대화의 시작이 크게 어렵지 않다.

둘째, '명함 효과'를 활용하자. 명함 효과란 두 사람 중 한 사람이 먼저 자신의 태도와 가치관을 보여주면 둘 사이의 심리적 거리가 빠르게 좁혀지고, 좋은 관계를 형성하게 된다는 이론이다. 상대방에게 자신의 명함을 먼저 건네주는 것과 같다.

당신이 말하는 것 중에 상대방과 조금이라도 접점이 있는 것이 있다면 상대방의 심리적 방어벽은 서서히 무너지고, 순간적으로 '이 사람과 나는 잘 통한다'는 느낌을 준다. 이렇게 되면 대화의 분위기가 좋아질 뿐만 아니라 서로에게 느끼는 매력도 강해진다.

여기서 더 나아가는 방법은 상대방이 말하는 주제에 맞춰서 대화하는 것이다. 간단히 상대방이 운동을 좋아한다고 하면, 당신도 운동을 좋아한다고 하면 된다. 그러면서 헬스장을 추천받거나 만나서 같이 공을 차거나 운동하자는 약속으로까지 발전시켜 보자.

셋째, 상대방의 반응을 수시로 확인해야 한다. 상대방이 이 대화에 흥미를 갖고 반응하는지, 아니면 건성으로 대충 마무리하려고 하는지 주시해야 한다. 요즘 주식투자에 부쩍 관심이 많아진 당신이 그에 관한 이야기를 하기 시작한다. 당신이 토론장을 방불케 할 정도로 끊임없이 말을 쏟아내는 동안 상대방은, '아, 그래요?', '네, 그렇군요'라는 간단한 대답 외에 전혀 반응을 보이지 않는다. 이는 명백히 지금 나누고 있는 대화에 상대방이 전혀 관심이 없다는 의미이니, 서둘러 화제를 전환해서 공통된 관심사를 찾도록 한다.

넷째, 일상에서 겪는 작은 실수도 아주 좋은 착안점이 된다. 시장에 갈 때 지갑을 들고 나가지 않았다거나, 아이의 예상치 못한 행동으로 박장대소를 했다거나 하는 누구나 겪을 수 있는 사소한 일들 말이다. 이런 화제는 서로의 웃음을 자아내며, 자발적으로 화제에 참여할 수 있도록 유도한다.

대화는 서로의 감정 교류가 바탕이다. 그러므로 너무 애써서 화제를 찾을 필요도 없고, 처음 만난 사람과 매끄럽게 대화를 이어나가지 못했다고 좌절할 필요도 없다. 처음에는 그저 즐거운 대화를 시작할 수 있는 접점을 찾고, 그것을 발판 삼아 점점 대화를 연결하면 된다.

말실수는 말 그대로 '실수'인 걸까?

직장 동료가 새로 산 가방을 자랑할 때 원래 한두 마디 칭찬하고 말 생각이었는데, 갑자기 나도 모르게 "이 가방 별론데……"라는 말이 튀어나온다. 깜짝 놀란 당신은 어떻게든 만회해보려고 "방금 한 말은 실수야. 와, 이 가방 진짜 예쁘다"라며 말을 바로잡기 위해 애쓴다.

친구가 당신에게 남자친구에 대한 원망을 털어놓을 때 처음에는 위로해줄 생각이었는데, 나도 모르게 "지겹네"라는 말이 불쑥 튀어나왔다. 곧바로 "미안해, 말이 잘못 나왔어"라고 사과를 한다.

살다 보면 누구나 말실수를 할 때가 있다. 하지만 정말 말 그대로 실수였을까? 그렇지 않을 수도 있다. 종종 말실수에서 우리의 가장 솔직한 생각이 드러나기도 한다. 그것이 단순한 말실수라면 곧바로 정정하면 되지만, 숨기고 싶었던 진실일 경우에는 이미 엎지른 물처럼 주워담기가 어렵다.

약속 시간에 늦었는데 어슬렁거리며 카페에 들어오는 당신에게 친구 한 명이 이렇게 말한다.

"아무래도 나가야 할 것 같아."

곧바로 그는 원래 말하려던 대로 "내가 너무 일찍 왔나 보다" 하며 바로잡긴 했지만, 그가 기다리다 기다리다 집에 갈 생각까지 했다는 진상을 반드시 알아차리고, 진심으로 사과해야 한다.

당신의 상사가 회의를 주관할 때 "모두 참석한 것 같으니 이만 회의를 마치도록 합시다"라고 한다. 상사는 얼른 '시작합시다'로 정정했지만, 어느 쪽이 본심인지는 모두가 알 것이다. 본인도 이런 지루하고 의미 없는 회의를 하고 싶지 않은 것이다. 이런 상황에서는 절대로 장황하게 늘어지는 의견 제시를 하지 마라. 당신이 기대한 것과는 전혀 다른 결과를 낳게 될 것이다.

심리학에서는 이런 현상을 '프로이트의 말실수Freudian Slip'라고 칭한다. 정신분석학자 프로이트는 우리가 은연중에 잘못 저지르는 말과 행동들에 내면에 숨겨놓았던 진심이 나타난다고 주장했다.

우리는 밖으로 표현할 수 있는 기회가 없을 뿐, 속으로 수없이 많은 생각을 하고 있다. 그래서 어떤 일을 그르쳤거나 최대한 숨겨야 할 때 절대 말하면 안 된다고 생각할수록 오히려 무심코 내뱉게 되는 경우가 많다. 그렇다면 정말 우리가 하는 모든 말실수는 속마음에서 비롯한 것일까? 꼭 그렇지는 않다. 다른 생각할 것이 있거나 처리해야 할 일이 있을 때 머릿속에서 단어를 조합하는 과정에서 말실수가 나오기도 한다.

당신이 '집에 가서 세탁기 돌려야지'라고 생각하고 있을 때 친구가 뭔가 물어보면, '어? 세탁기 먹으러 가자고?'라는 엉뚱한 말이 튀어나올 수 있는 것이다. 이런 단순한 실수는 웃어넘길 수 있지만, 혹시라도 의미심장한 말실수를 했을 때는, '이 말이 정말 내 진심인가?'라고 생각해보는 것도 좋다.

마음을 태도에 담아내는 사람에게 끌린다

무심코 상처 주기를 잘하는 사람

예전에 어머님 한 분이 내게 찾아와 아들에 대한 고민을 털어놓으신 적이 있다. 그녀는 최근 몇 년 사이에 아들이 너무 변했다며 어떻게 하면 좋을지 조언을 구하고 싶다고 하셨다. 2년 전 대학에 입학한 아들은 그때까지만 해도 자신감에 가득 차 있었다고 한다. 자기 인생에 확실한 목표를 설정하고, 미래를 위한 준비도 시작했었다. 1학년 때는 선거를 통해 과의 문예부장이 되어 1년 동안 부지런하고 성실하게 활동도 했다. 그런데 이듬해 2학년이 되어 다시 선거를 준비하던 그에게, 당시 신임 리더 중 한 명이 이런 말을 한 것이다.

"작년에 문예부에서는 별 성과가 없었던 것 같은데."

그 한마디가 아들의 지난 1년간의 노력을 철저히 부인하고 무너뜨린 것이다. 자신감 또한 완전히 짓밟혀서 그동안 그가 품어온 꿈과 목표를 모두 소멸시켜 버렸다. 그 일 이후로 모든 의욕이 사라진 아들은 학교에 출석만 할 뿐 어떤 일도 적극적으로 하지 않게 됐다.

왜 우리는 누군가가 무심코 던진 말에 상처를 받는 걸까? 여기에는 '사회적 폭포 효과Social Cascade Effect'가 작용하기 때문이다. 사회적 폭포 효과란, 아무렇지 않게 내뱉는 말이 다른 사람의 마음에 큰 동요를 일으키고, 이후 모든 행동에 영향을 미치는 것을 뜻한다. 마치 자연의 폭포처럼 위쪽은 조용하고 평온해 보이지만, 아래쪽은 세차게 떨어지는 물 때문에 시끄럽고 소용돌이까지 일어나는 현상을 빗댄 것이다.

살다 보면 이런 일은 수도 없이 겪는다. 생각을 잘 숨기지 못하고, 특히 직설적으로 얘기하는 성격의 사람과 대화를 나누다 보면 상처받는 경우가 많다. 그런 사람은 자신이 무심코 내뱉은 한마디가 상대방에게 이렇게 큰 영향을 미칠 거라고 생각하지 못한다. 미움을 사도 다른 이유가 있는 줄 안다.

같은 말이라도 표현을 달리하면 그 결과도 크게 달라질 수 있다. 오늘 만난 사람이 "이 옷 어때? 예쁘지?"라고 물어봤다면, 이는 분명 자신이 입은 옷이 매우 만족스럽고, 예쁘다는 칭찬을 듣고 싶다는 의도다. 그런데 "뚱뚱해 보이는데? 색이 너무 화려해서 너랑 잘 안 어울리는 것 같아"라고 정곡을 찌르는 반응을 보였다면 그의 기분이 어떨 것 같은가? 아무리 성격이 시원시원하고 털털한 사람일지라도 그런 대답을 듣고서 상처받지 않을 수 있을까? 내가 생각해도 쉽게 털어내지 못할 것 같다.

아무리 상처를 줄 의도가 없었다고 하더라도 상대방이 상처받았다면 생각해볼 필요가 있다. '솔직한 성격이라서', '화법이 직설적이라서'는 핑계일 뿐이다. 그저 '무심코 상처 주기를 잘하는' 사람일 뿐이다.

별생각 없이 건넨 말 한마디가 누군가의 자신감을 완전히 꺾어놓을 수 있듯이, 별생각 없이 건넨 격려나 칭찬, 긍정적인 말 한마디가 고군분투하며 살아가는 우리에게 큰 힘이 될 수 있다. 스스로를 의심하고 있던 사람에게 확신을 주고, 방황하는 사람에게 자신감을 불어넣어준다. 무심코 '나쁜 말'을 해주는 사람이 아니라 무심코 '좋은 말'을 해주는 사람이 되자.

마음을 태도에 담아내는 사람에게 끌린다

아무도 안 물어봤다, 불필요한 참견 금지

점심 시간에 동료와 이런저런 얘기를 하고 있는데, 평소 일장연설 전문인 상사가 지나가다 무슨 얘기 중인지 궁금해하더니 굳이 대화에 끼려고 한다. 그 순간, 당신은 급히 대화를 끝내고 자리로 돌아간다. 그리고 눈치 없는 상사에 대한 짜증이 밀려온다.

카페에서 친구와 한창 즐거운 대화를 나누고 있는데, 안면이 조금 있는 카페 사장님이 "그거 저도 해봤는데 좋더라고요", "그것보다는 이렇게 하는 방법도 있어요"라며 자꾸만 대화에 끼어든다. 속에서는 점점 짜증이 치밀어 오르지만 일단은 참는다.

'불필요한 참견'은 우리를 성가시게 할 뿐만 아니라 심하면 화까지 불러일으킨다. 친근한 의도에서 이런저런 말을 건넸다 해도 돌아오는 반응이 별로였다면 불필요한 참견이 맞다.

우리 또한 나도 모르게 다른 사람의 대화에 끼어들었던 적이 있었을지 모른다. 퀴즈쇼에서 빨리 정답을 외치고 싶어 하는 사람처럼 갑자기 말이 튀어나오는 것이다. 퀴즈쇼는 당신에게 질문이라도 했지, 참견은 아무도 질문한 적이 없다.

불필요한 참견을 방지하는 방법은 간단하다. 낄 때 끼고 빠질 때 빠질 줄 알면 된다. 첫 사례에서처럼 당신이 다가갔을 때 두 사람의 대화가 멈췄다면, 사실상 다른 사람이 듣지 않았으면 하는 마음의 표현이다. 그러므로 이 순간 당신이 해야 할 행동은 과감하게 스쳐 지나가는 것뿐이다.

그 대화에 당신도 함께 하길 원한다면 그들이 먼저 당신을 부를 것이다.

이 외에도 사람들이 매우 싫어하는 참견의 방식이 있는데, 말할 때마다 한마디씩 덧붙이는 경우다. 즉, '말을 끊는 참견'이다. 내가 호응이라고 생각하고 덧붙인 말들이 사실은 중간중간 말을 끊어버리는 참견일 수도 있는 것이다. 이를 방지하려면 누군가 말할 때 끝까지 다 듣고 나서 말하면 된다. 정 말할 타이밍을 모르겠다면 '이제 내가 말해도 될까?'라고 물어보면 된다.

참견이 필요한 순간도 있다. 가벼운 수다든 잡담이든 필요한 순간에 참견한다면 훨씬 좋은 효과를 얻을 수 있다. 대화 중에 상대방의 표정과 말투, 말하는 속도, 간단한 제스처 등 모든 것은 그가 지금 열정적인지, 긴장하고 있는지, 여유로운지 등의 감정을 보여준다. 잘 보고 있다가 필요한 순간에 맞게 반응하면 된다. 아래 예시와 함께 살펴보도록 하자.

첫째, 상대방이 이야기를 하면서 수시로 당신을 쳐다보고, 말의 속도도 점점 느려지고, 목소리가 줄어들고 있다면, 당신의 반응을 살피고 있다는 뜻이다. 자신이 하는 이야기에 당신이 관심이 없을까봐 자신감이 조금 떨어지고, 계속 대화를 이어갈 열정과 의지가 사라지고 있다는 증거이기도 하다. 이때 그의 정서적 욕구를 고려한 참견이 필요하다. "진짜? 나도 그렇게 해봤는데 좀 어색하던데, 그래서 넌 어땠다고? 빨리 얘기해봐"라고 반응하는 것이다. 이는 상대방이 이야기를 지속하는 데 큰 원동력이 된다.

둘째, 상대방이 화가 났던 일을 이야기할 때는 다 듣고 난 후에 "진짜 화가 많이 났겠네"라는 한마디를 건네보자. 그의 흥분을 가라앉히고 감정을 추스르게 해줄 뿐만 아니라 당신이 공감해줬다는 느낌을 준다. 상대방의 기분에 공감하는 참견은 대화가 보다 원활하게 진행되도록 도와주고 관계도 더욱 돈독하게 해준다.

여기서 특별히 명심해야 할 것은 중립적인 태도를 유지해야 한다는 것이다. 기분을 공감해주다가 갑자기, "그런데 거기서 왜 그렇게 말했어? 이렇게 말하는 게 낫지 않아?"라고 하는 건 별로 좋지 않다. 상대방을 탓하는 것처럼 들릴 수 있기 때문에 피하는 것이 좋다. 굳이 그가 하는 말을 가지고 판단하거나 평가할 필요는 없다.

더욱이 공감을 이유로 상대방의 기분을 망친 사람을 탓해서도 안 되고, 그렇다고 상대방이 무조건 옳다고 인정하는 것도 안 된다. 우리는 세세한 상황 전부를 이해할 수 없다. 그럴 땐 쓸데없이 왈가왈부하지 말고, 그의 기분에만 공감해주면 충분하다.

셋째, "그러니까, 네 말은 이런 뜻이구나" 같은 말로 이해를 표시하면 좋다. 상대방의 의도를 더 잘 파악하는 데 도움이 될 뿐만 아니라 상대방에게 당신이 이야기에 집중하고 있고, 진지하게 받아들이고 있다는 느낌을 준다.

모든 참견이 나쁜 건 아니다. 적절한 타이밍에 센스 있는 말 한마디라면 좋은 효과를 볼 수 있다. 말하는 사람의 리듬을 놓치지 않고 잘 따라가야 당신의 참견도 환영받을 것이다.

마음을 태도에 담아내는 사람에게 끌린다

자조적인 웃음에 숨어 있는 진심

우리가 웃을 때도 여러 가지 상황이 있다. 진짜 배꼽이 빠질 정도로 웃기거나, 생각할수록 웃겨서 비실비실 웃음이 새어 나오거나, 어이없는 일이 생겨 웃고 말거나, 잘난 척하는 사람이 같잖아서 비웃거나, 스스로가 한심하고 바보 같아서 자조自嘲하는 것 등이 있다. 이처럼 웃는다고 해서 무조건 기분이 좋은 건 아니다. 특히 누군가 당신 앞에서 자조적인 웃음을 보였다면, 당신은 거기에 동조하지 않기를 바란다. 상대방이 "나 진짜 바본가봐, 거기서 또 실수한 거 있지? 나 왜 이러냐, 정말" 하고 웃어버린다고 해도 모든 것을 툴툴 털어냈다는 의미는 아니다. 당신이 동조한다면 더 힘들어할지도 모른다.

그런데 자조하는 것이 건강한 심리상태의 중요한 지표가 된다는 사실을 알고 있는가? 예를 들어, 키가 큰 편이 아닌 연예인 A씨가 다른 배우와 함께 사진을 찍는 순간에, 일부러 발끝을 치켜세워 자신의 작은 키를 부각시키는 행동을 했다고 하자. 이 행동으로 그는 보는 사람들에게 웃음을 주기도 하고, '저 사람은 자기 콤플렉스를 유머러스하게 풀어내네'라는 평가를 받아 이미지가 더 좋아진다.

심리학적 분석에 따르면, 자조는 심리 치유에 효과적이라고 한다. 상황에 대한 어색함을 풀고, 기분을 전환시키는 효과가 있기 때문에 많은 사람이 본능적으로 자조를 통해 심리적 불균형을 해소하고자 하는 것이다. 따라서 자조는 궁극적으로 스스로를 보호하기 위한 '방어 기제'에 속한다.

자조에는 분명, 자기의 부족한 점에 대한 비판이 들어 있기는 하나, 부정적인 자기비하나 자포자기와는 다르다. 상황을 인정하고 전환시키고자 하는 노력이며, 다른 사람에 의해서 결점이 드러나는 것보다 차라리 내가 먼저 밝히는 것이 낫다는 판단에서 이루어지는 행동이다. 다른 사람이 나의 결점을 들춰냈을 때의 당황스러움을 상상해보면 훨씬 더 나은 선택일 수 있다.

"나 진짜 바본가봐" 하고 자조 섞인 말을 했을 때는 사실, "아니야, 지금도 잘하고 있어"라는 진심 어린 격려를 듣고 싶다는 심리적 욕구가 숨어 있다. 이런 상황에서 "네가 드디어 너의 단점을 알아냈구나!"라며 맞장구를 치거나 같이 동조하며 웃어버리면, 자연스럽게 털어버리려고 했던 그의 의지가 꺾이는 것은 물론, 마음속에 있던 열등감 버튼이 눌려버릴지도 모른다. 이럴 때는 그저 "그 정도면 충분히 잘하고 있어"라는 긍정적인 한마디면 충분하다.

앞에서도 이야기했듯 긍정적인 한마디는 상대방에게 자신감을 심어주고, 기분을 끌어올려준다. '좋은 말 한마디는 엄동설한의 추위도 따뜻하게 녹여주고, 나쁜 말 한마디는 유월의 더위도 춥게 느껴지게 한다'는 말처럼, 당신의 말 한마디가 누군가에게는 빛 한 줄기가 될 수도 있다. 상대방의 자조에 적극적인 격려로 대응한다면, 사람의 마음까지 어루만져줄 수 있다.

당신이 입을 열자 갑자기 분위기가 싸해졌던 이유

여러 사람이 모여서 얘기를 나누는 중에 한 사람이 분위기를 띄워보려고 우스운 이야기를 해줬다. 그러자 모두들 박장대소하는데, 유독 한 사람만 재미없다는 듯 고개를 가로저으며, 사람들을 이해하지 못하겠다는 표정이다.

동료들끼리 어떤 영화에 대해 이야기를 하고 있는데, 한 사람이 불쑥 이렇게 말한다.

"저 거기 나왔던 촬영지 가봤잖아요. 딱 그렇게 생겼더라고요."

영화 속 장면이 자신이 여행 중 본 광경과 비슷하다는 생각이 들었는지 모르겠지만, 맥락 없는 그의 말로 인해 갑자기 분위기가 싸해졌다.

나 역시도 이런 사람을 많이 봤다. 이런 사람과 대화를 하면 일단 힘이 빠진다. 그래서인지 다들 기회만 되면 대화를 피하려고 한다. 만약 당신이 딱 그런 사람이라면 억울하긴 할 것이다. '아무것도 안 했는데 왜 다른 사람에게 미움을 산 거지?' 도무지 이해가 안 갈지도 모른다. 사실 이것은 '공감능력의 결핍' 때문에 일어난 일이다.

많은 사람이 공감능력이 낮다는 것에 대해 단순히 남의 말에 동의하느냐, 안 하느냐 수준으로 생각하는데, 사실 그보다는 더 많은 것을 내포하고 있다. 특히 인간관계에서 필요한 공감능력에는 감정 통제, 역지사지, 경청, 표현 존중 등이 포함된다. 공감능력이 높다는 건, 자신의 생각과 감정을 우선하지 않고, 다른 사람의 생각과 감정을 배려하고 존중할 줄 안다는 의미다. 공감능력이 높은 사람과 어울리다 보면, 마음의 경계가 허물어지고 속마음을 털어놓게 된다.

그럼 다시 첫 번째 사례로 돌아가서, 누군가가 분위기를 띄우기 위해 우스운 이야기를 꺼냈을 때 당신이 그의 노력을 감지하고 웃음으로 화답해줬다면, 이미 공감능력을 가지고 있는 것이다. 상대방의 메시지를 이해하고 그가 원하는 반응을 해준 것이기 때문이다. 또, 학교나 회사에서 누군가가 앞에 나

가서 발표를 하는데, 그와 눈이 마주쳤을 때 당신이 잘하고 있다는 뜻으로 고개를 끄덕여줬다면, 그것도 마찬가지다. 당신의 공감능력 덕분에 그는 좀 더 긴장을 풀고 발표를 잘 이어나갈 수 있을 것이다.

어느 날 친구가 당신을 찾아와 아무 말도 없이 눈물을 쏟기 시작했을 때 아무것도 묻지 않고 그를 묵묵히 안아줬다면, 깊은 공감을 나눈 것이다. 우는 사람에게 당장 필요한 것은 그 어떤 위로도, 조언도 아니다. 그저 기대어 울 수 있는 품과 따뜻한 공감뿐이다.

지금 상대에게 가장 필요한 것이 무엇인지 헤아릴 수 있는 것도 공감능력의 일부다. 따라서 공감한다는 건 실은 무엇을 말하고, 무엇을 하는가의 문제가 아니다. 상대방의 상황을 이해하고, 지금 그에게 가장 필요한 것을 주려는 노력인 것이다.

함께 있어도 외로운 사람을 위한 심리수업 4

알면 알수록 매력적인 사람이 되는 방법

첫인상에서부터 호감을 얻고,
그 호감을 관계로 연결시키고,
알면 알수록 호감도가 올라가는 사람, 바로 당신이다.

알면 알수록 매력적인 사람이 되는 방법

존재감이 남다른 사람이 되고 싶다

며칠 전 책에서 이런 문구를 봤다. '보이지 않고 만질 수도 없지만 평범함을 비범함으로 만들 수 있는 힘, 이것이 바로 카리스마다.'

주위를 둘러보면, 왠지 전혀 다른 분위기를 풍기는 사람이 있다. 마치 후광을 등에 업은 듯 눈길을 사로잡고, 어느새 그의 곁엔 사람들이 모여든다. 그가 하는 말은 기준이 되고, 그가 하는 행동은 모범이 된다. 그가 이렇게 남다른 영향력을 펼칠 수 있는 이유는 무엇일까? 비결은 바로 '카리스마'에 있다.

카리스마는 신비한 힘을 지니고 있다. 강력한 카리스마는 사람들의 감정을 확 끌어올리고 행동하게 만들어, 어떤 일을 발전시키는 데 증폭제 역할을 한다. 카리스마가 있는 사람은 다른 사람들 앞에서 전혀 긴장한 기색 없이, 마치 강연을 펼치듯 자신의 지식과 의견을 나눈다. 듣는 이들은 흠잡을 데 없는 그의 이야기에 감탄한다. 그런 사람을 보고 있으면 저절로 이런 생각이 든다. '아, 나도 저런 카리스마를 닮고 싶다.' 어떻게 하면 강한 카리스마를 가질 수 있을까? 아래 제시한 방법들로 그 기반을 다질 수 있다.

첫 번째 방법, 독서 습관을 기른다. 카리스마를 가진 이들은 대개 크게 말하지 않는다. 그렇게 하지 않아도 사람들이 그의 말에 귀 기울이기 때문이다. 그에게는 풍부한 독서와 경험으로 다져놓은 내공이 있다. 그가 뿜어내는 지적 카리스마는 여기에서 비롯한 것이다.

구체적으로 어떤 책을 꼭 읽어야 한다는 법은 없다. 다양한 영역의 책을 읽어도 좋고, 자신이 좋아하는 특정 분야의 책을 읽어도 좋다. 고전은 교양을 쌓게 해주고, 추리소설은 뇌의 운동을 활발하게 해준다. 연애소설이라고 우습게 보지 마라. 바닥을 치던 감성지수를 단번에 끌어올려줄 수도 있다.

독서할 때 우리는 마음이 서서히 안정되고, 호흡도 천천히 가라앉는다. '얼굴은 마음의 거울'이라는 말처럼 마음이 책에서 읽은 교양으로 가득 차 있으면 흔들리지 않는 단단한 내공이 생기고, 그것이 겉으로 드러난다. 독서라는 좋은 습관을 기르고 이를 통해 카리스마까지 기를 수 있다면 얼마나 좋은가?

두 번째 방법, 나보다 성숙하고 뛰어난 친구를 사귄다. 친구를 사귀는 것은 자신의 지속적인 발전을 도모하기 위해서이기도 하다. 어렸을 때는 누구든 만나서 함께 어리석은 짓을 할 수도 있다. 하지만 그것이 20대를 지나서도, 30대를 지나서도 계속된다면, 자기 발전에 도움이 되기는커녕 앞날이 캄캄하다. 나보다 성숙하고, 배울 점이 있는 친구들과 교제하면서 함께 발전하는 것이 이롭다.

기존에 내가 갖고 있던 관념과 생각, 자존심의 부족함을 인정하고, 새로이 변화하려는 자세는 반드시 인생을 더 나은 방향으로 나아가게 한다. 그렇게 스스로 발전을 이룬 경험이 있는 사람에게서는 카리스마가 느껴지기 마련이다.

세 번째 방법, 품위를 높여라. 우리가 어떤 사람을 보고, '저 사람 참 품위 있다'라는 생각이 드는 경우는 일반적이지는 않다. 하지만 품위가 느껴지는 사람이 반드시 있다. 그런 사람은 자존감이 높고, 항상 당당한 태도로 자신의 생각과 감정을 정확하게 표현할 줄 알며, 그것으로 사람들의 마음을 움직인다. 이러한 품위는 하루아침에 뚝딱 생겨나지 않는다. 사는 동안 끊임없는 침전을 통해 축적되는 것으로, 사람마다 그 차이가 있다. 그렇다고 품위를 갖추기에 늦은 때란 없다. 다양한 경험을 통한 성장과 변화를 이루면서 서서히 높여나가면 된다.

먼저 평소 주변을 잘 살펴보면서 사회의 발전 추세와 시대의 흐름을 잘 이해해야 한다. 사리에 밝아야 그에 맞는 성장과 변화를 이룰 수 있다.

혼자만의 세상에서 시대의 흐름과 맞지 않는 고고한 품위를 유지해봐야 소용이 없다. 품위는 세상과 사람들 앞에서 저절로 드러나는 것이다. 앞서 말한 방법들로 꾸준히 지식과 교양 수준을 높이고, 그를 바탕으로 한 내 생각을 제대로 표현할 줄 알아야 한다.

식견이 풍부한 사람, 품위가 높은 사람, 곧 카리스마가 있는 사람은 언제든 어디서든 뒤지지 않는다.

알면 알수록 매력적인 사람이 되는 방법

새로운 사람과 만날 땐 얼굴 도장부터 찍어라

포털 사이트 실시간 검색어에는 지금 이 순간에 가장 핫한 이슈가 올라온다. 실시간 검색어에 오른 인물이나 사건은 사람들의 뜨거운 관심을 받게 된다. 종종 무명 연예인의 이름이 우연한 기회에 실시간 검색어에 오른 뒤, 하루아침에 인지도가 뒤집혀버리는 경우를 목격하기도 한다. 그런데 실시간 검색어에 자주 이름이 오르내리는 연예인은 왠지 모르게 점차 사람들 사이에서 비호감으로 자리 잡는다.

처음에는 다들 호기심을 가지고 지켜보다가 시간이 흘러 점점 흥미가 떨어지면서, '또 실시간 검색어에 올랐어? 지겹다', '일부러 노이즈 마케팅하는 거 아니야?' 같은 부정적인 반응을 보인다. 왜 이런 일이 생기는 걸까?

심리학에서 말하는 '단순노출 효과Mere Exposure Effect'는 익숙한 것일수록 더 큰 호감을 느끼는 사람의 특성을 뜻하는 용어다. 예를 들어, 우리가 누군가를 처음 만났을 때 그 사람의 외모가 사납다고 생각할 수 있다. 하지만 여러 번 만나다 보면, 익숙해져서 점차 그런 생각이 사라지고, 나중에는 매력을 느끼기도 한다.

'실검 여왕'으로 불리던 모 연예인이 비호감의 대명사가 되는 이유는 바로 이 단순노출 효과를 적용하는 방식이 잘못됐기 때문이다. 긍정적인 효과를 얻으려면, 첫인상이 좋아야 한다는 전제가 있다. 첫인상이 나쁠 경우에는 많이 볼수록 혐오감이 더 높아지고 명확해지기 때문에 오히려 역효과를 불러온다. 그럼에도 불구하고 연예인들 중 일부는, 실시간 검색어의 힘을 빌려 일약 스타가 되기를 희망하며, 자신의 SNS에 터무니없이 자극적인 사진을 올리거나 원성을 살 만한 발언을 게시하기도 한다.

그렇다면 인간관계에서는 어떻게 적용될까? 다른 사람과 좋은 관계를 유지하는 사람은 단순노출 효과를 제대로 활용할 줄 안다. 친해지고 싶은 사람과 서로 접촉할 수 있는 기회를 자연스럽게 만들어서 얼굴을 익히고, 친밀감을 쌓아간다.

오늘날은 그저 묵묵히 일한다고 인정받는 시대가 아니다. 나의 존재감은 내가 직접 드러내고 홍보해야 한다. 인간관계에서도 마찬가지다. 다른 사람 앞에서 나의 생각과 감정을 지속적으로 드러내야 존재감이 확실해진다. 다른 사람과의 접촉을 피하고 폐쇄적으로 지내는 사람은 점점 그 존재감이 희미해진다. 일상에서, 직장에서 투명인간으로 살아가는 건 너무 힘들지 않은가? 그렇게 되지 않도록 조금씩 용기를 내보자.

꼭 친해지고 싶은 사람이 아니더라도 누군가와 마주쳤을 때는 눈을 마주치고 인사를 건네보자. 눈을 마주치는 게 어색하다면 그냥 인사만 해도 좋다. 다만, 상대방이 '지금 나한테 인사한 건가? 그냥 혼자 중얼거린 건가?' 하는 착각을 하게 해서는 안 된다. 분명한 목소리로 제대로 인사하자. 그렇게 얼굴 도장부터 찍고, 좀 익숙해졌을 때부터 인사와 함께 '식사하셨어요?', '오늘은 날씨가 덥네요' 같은 간단한 말도 덧붙여보자. 그러면 어느새 거기 서서 대화를 나누고 있는 당신을 발견하게 될 것이다. 이렇게 상대방과 익숙해지면서 호감을 쌓아가면 된다.

알면 알수록 매력적인 사람이 되는 방법

마음의 저울, '인심'의 균형 유지하기

최근 내게 경조사비에 관한 질문이 많았다. 요즘처럼 살기 팍팍할 때는 기꺼이 인심을 베풀던 일도 버거워졌을 것이다. 비단 경조사비 문제뿐만이 아니라 그 외에 여러 방면에서도 우리는 항상 인심을 주고받는 데 익숙하기 때문에 더더욱 고민에 빠지곤 한다.

인심이 좋다는 건, 곧 마음을 많이 써준다는 의미다. 누군가에게 일부러 마음을 쓰고, 선물을 주고, 내가 조금 손해를 보더라도 양보하는 인심은, 인간관계를 더 돈독하게 만들어준다. 따라서 때에 따라 반드시 필요하지만, 그만큼 일정한 한계가 있어야 한다. 그렇지 않으면 역효과가 나서 인간관계는 둘째치고, 점점 우리에게 큰 부담으로 다가올 것이다. 어떻게 하면 인간관계를 해치지 않으면서 인심의 균형을 잘 유지할 수 있을까?

우리 사회에는 인심을 중시하는 풍조가 있고, 그것은 아는 사이에서 더 많이 발휘되곤 한다. 사소하게는 냉장고에 과일이 풍족하면 아는 사람에게 조금 나눠주기도 하며, 일적으로도 아는 사람을 추천해주기도 한다. 인심을 베푸는 것은 분명 좋은 의도에서 하는 일이지만, 막상 주고받기 시작하면 어느 순간 어려워질 때가 있다. 계산을 하게 되기 때문이다.

우리 마음속에 있는 저울은 작은 것에도 영향을 많이 받기 때문에 일정한 기준이 없고, 상황에 따라 이리저리 기울어지기 쉽다. 그래서 더더욱 인심에 대한 이성적인 사고와 객관적인 시각이 필요한 것이다.

'형제끼리라도 계산은 확실히 해야 한다'는 말처럼, 인심의 경제적인 교환과 사회적 관계의 경계를 분명히 해야 할 필요가 있다. 그렇지 않으면 결국 끝이 좋지 않다. 예의를 지켜야 하는 사이에서는 받은 게 있다면 꼭 감사한 마음을 전하고 나중에라도 갚아야 한다. 우리가 인정의 딜레마에 빠지는 이유는, 받은 것과 똑같은 가치의 것을 찾기 때문이다. 만약 누군가 당신에게 식사를 대접했다면, 인정적 사고방식에 따라 다음에는 당신이 식사를 대접해야겠다고 생각한다. 하지만 그럴 여유가 없다면 다른 것으로 갚아도 되는 것이다. 진심을 담은 말로써 당신의 마음을 전해도 좋다.

한편, 우리는 종종 너무 친한 사람에게는 도움을 받아도 충분히 감사 표시를 하지 않아도 된다고 생각해버린다. 한 번 정도는 상대방도 별 신경을 쓰지 않을 테지만, 여러 번 반복되면 당신과의 관계 자체를 다시 생각하게 될 수도 있다. 아무리 절친한 사이라 할지라도 인심을 당연하게 생각해서는 안 된다. 그리고 내가 인심을 베풀 때에도 상대방의 상황을 고려해야 한다. 만약 직장 후배에게 밥을 사주려고 한다면, 그에게는 선배에게 얻어먹는 일이니 부담스러울 수도 있다. 자신에게 후한 인심이라고 해서 다른 사람에게도 꼭 후한 것은 아니다.

그날그날 필요한 분위기에 따라 장소를 정한다

환경은 무언의 언어가 될 수 있다. 사람의 말, 동작, 제스처, 스타일 등에 그 사람의 성격이나 직업, 취미, 경제 상황이 반영되는 것처럼, 환경도 은연중에 사람의 행동에 영향을 끼친다. 맹자孟子의 어머니가 맹자의 교육을 위해 세 번이나 이사를 했다는 이야기처럼 환경이 결과를 바꿔놓을 수도 있다. 인간관계에서도 환경은 굉장히 중요한 요소다. 우리가 업무상 중요한 미팅 때나 결혼을 결정짓는 상견례 때 조용하고 고급스러운 장소를 찾는 것도 이런 이유다. 주변 환경을 어떻게 활용하느냐에 따라 결과가 달라지기도 한다. 이어서 그날그날 필요한 분위기에 따라 환경을 바꾸는 방법을 알아보자.

조용한 분위기가 필요할 때. 독립된 공간이 있는 식당이나 우아한 카페 같은 조용한 환경은, 두 사람이 깊은 소통을 하거나 일적으로 중요한 협상을 할 때 안성맞춤이다. 시끌벅적하고 정신없는 식당에서 중요한 대화를 나누고자 하는 사람은 많지 않다. 대부분의 사람은 아무런 방해 없이 서로에게 집중하고, 차분하게 이야기를 나눌 수 있는 조용한 장소를 선호한다.

감성적인 분위기가 필요할 때. 아늑한 불빛, 아름다운 음악이 있는 환경을 상상해보자. 그리고 기름진 탁자와 떠들썩한 분위기, 술에 취한 사람들이 있는 환경을 상상해보자. 어느 곳에 가야 기분이 좋아질까? 물론, 야구장이나 노상식당 같은 시끄러운 환경도 그만의 매력이 있다. 활기가 생기고 기분을 들뜨게 한다. 하지만 가끔 가야 그와 같은 즐거움이 있는 것이다. 꼭 로맨틱한 사이가 아니더라도 때로는 감성적인 분위기의 장소에 가면 분명 효과가 있다. 마음이 편안해지고 심리적 거리도 많이 줄어들기 때문에 평소에 하지 못했던 얘기를 하며, 함께 분위기에 취할 수 있다.

편안한 분위기가 필요할 때. 알다시피 집은 가장 사적인 공간으로, 다른 사람의 방해가 적은 장소다. 당신이 상대방을 집으로 초대했을 때 상대방은 그 자체로 큰 친밀함을 느낄 수 있다. 당신이 그를 단순한 동료가 아닌, 가장 사적인 공간을 보여줄 수 있는 친구로 생각한다는 뜻이니 말이다. 물론, 나가기 귀찮아서 그냥 집으로 오라고 할 때와는 달라야 한다. 깨끗하고 잘 정리된 모습을 보여주려고 초대하는 것이지, 더럽고 지저분한 모습을 보여주려고 초대하는 사람은 없다.

또, 집의 청결 여부는 '손님을 얼마나 존중하고 있는가'에 대한 메시지나 다름없다. 깨끗이 정리하고 맛있는 음식을 대접한다면 관계가 더욱 돈독해지고 편안해지는 계기가 될 것이다.

환경을 선택할 때 좋아하는 색상, 편안한 온도, 조명, 테이블과 의자의 배치 등 세부적인 사항들을 함께 생각하는 것도 중요하다. 고상하고 차분한 이미지가 필요하다면, 검은색이나 회색 위주로 환경을 조성하는 것이 좋다. 지적이고 우아한 이미지가 필요하다면 파란색이나 보라색을 택하고, 열정적인 인상을 주고 싶다면 빨간색이나 주황색, 노란색, 초록색 모두 탁월한 선택이 될 것이다.

우리가 무슨 일을 하든 환경이 중요하지 않을 때란 없다. 인간관계에서 이 점을 잘 활용한다면 좋은 결과가 있을 것이다.

알면 알수록 매력적인 사람이 되는 방법

비밀을 공유하는 사이가 꼭 좋은 걸까?

입만 열었다 하면 이렇게 말하는 사람이 있다.

"그 얘기 들었어?", "그 사람 말이야, 진짜 한심하지 않아?"

무슨 얘기인지 귀를 기울여보면 90% 이상은 소문이나 뒷담화다. 주위를 둘러보면 소문을 공유하고, 남의 뒷담화를 하는 것을 좋아하는 사람이 꼭 한 명씩은 있다. 사실 별로 바람직한 행동은 아니지만, 상대방과의 거리를 빠르게 좁혀준다는 효과가 있다. 소문을 나누고, 뒷담화를 할 때는 순식간에 같은 배에 올라탄 것 같은 기분이 들기 때문이다.

심리학자 제니퍼 보손Bosson Jennifer K에 의하면, 사람은 무언가를 공통적으로 좋아할 때보다 공통적으로 싫어할 때 친밀도가 33% 더 높아진다고 한다. 이것을 '부정우선 효과'라고 부르는데, 이러한 심리적 효과에 의해서 가벼운 뒷담화가 오히려 관계를 친밀하게 만들기도 하는 것이다. 그리고 사람은 뒷담화를 할 때 더 논리적으로 생각하고 말하게 된다. 확실히 누군가를 칭찬할 때는 한 문장만 추가하면 되지만, 헐뜯을 때는 주변 사람들의 동의를 얻고자 여러 가지 이유를 설명해야 한다.

부정우선 효과에 따르면, 사람은 무언가를 공통적으로 싫어하는 것으로 서로의 거리를 판단한다고 한다. 왜 그럴까? 가장 큰 이유 두 가지를 살펴보자.

부정적인 감정은 긍정적인 감정보다 전염성이 강하다. 사회에 악질적인 사건이 발생했을 때 우리 마음속에 싹트는 가해자에 대한 분노, 원망, 증오는 순식간에 사람들을 하나로 통합시키고 행동하게 만든다. 부정적 감정의 유대는 순식간에 우리를 하나로 묶어버린다.

'비밀을 공유하는 사이'라는 관계성이 생긴다. 사실 뒷담화는 꽤나 위험하다. 들통나도 괜찮은 경우보다 안 괜찮은 경우가 압도적으로 많다. 상대방이 당신에게 부정적인 소문을 공유할 때는 "너를 믿으니까 이렇게 말하는 거야"라는 말을 덧붙일 것이다. 그러면 당신은 상대방과의 거리가 확 가까워졌다는 느낌을 받고, 연대를 이뤘다고 생각할 수 있다. 하지만 이런 식의 관계는 위험이 따른다. 자칫 일이 잘못되면 관계가 깨질 뿐 아니라 더 큰 악재로 이어질 수도 있다. 그러므로 자의든 타의든 이 방법을 활용하고 싶을 때는 다음에 내가 이야기하는 것들을 명심해야 한다.

당신은 친한 친구와 이야기를 하다가 어느 유명 연예인에 대한 부정적인 소문을 언급하며 비방을 늘어놓았다. 그 유명 연예인이 친구의 우상인 줄은 생각지도 못한 채 말이다. 당신은 친구가 크게 정색한다고 해도 원망할 자격이 없다. 당신이 싫어한다고 해서 다른 사람도 반드시 싫어하라는 법은 없다. 당신이 그토록 싫어하는 사물 혹은 사람이 다른 사람에게는 소중한 존재일 수도 있다. 그러므로 혐오감을 드러낼 때는 신경 써서 화제를 선택해야 한다.

또한, 당신이 안 지 얼마 안 된 누군가에게 이 방법을 써서 관계의 거리를 확 좁히고 싶다면 어리석은 생각이다. 솔직히 말해서 당신이 누군가를 왜 싫어하고, 얼마나 싫어하는지 다른 사람에게 토로하는 것은 자신의 부족함과 미숙함을 드러내는 것밖에 안 된다. 특히 아직 친하지 않은 상대에게는 나쁜 인상을 심어줄 수 있다. 따라서 이 방법은 서로에 대해 어느 정도 이해가 생긴 뒤에 생각해봐도 늦지 않다.

우리 마음에는 부정적인 정보와 부정적인 감정이 들어오기 쉽기 때문에 적당한 방법을 찾아서 해결하고 사라지게 해야 한다. 적절한 토로나 하소연도 그 방법 중에 하나다. 하지만 그것이 습관이 돼서 입만 열었다 하면 남의 이야기를 하는 사람이 돼서는 안 된다.

부정우선 효과는 우리에게 한 가지 중요한 이치를 말해준다. 우리는 자신과 닮은 사람을 좋아한다는 것이다. 어떤 사람이 나와 똑같은 부정적인 태도를 가졌다는 것을 알게 되는 순간, '그의 진실한 태도'를 이해했다는 느낌을 받는 동시에 호감도가 확 올라간다. '나와 성향이 비슷한 사람', '코드가 맞는 사람' 수준으로 생각하고 친밀한 관계를 맺는 것은 좋지만, 거기서 부정적인 비밀을 공유하는 관계로 변질되는 건 좋지 않다.

알면 알수록 매력적인 사람이 되는 방법

직장 동료와 어떻게 지내야 할까?

우리가 평생 동안 만나는 사람은 꼽을 수 없을 정도로 많은데, 이들 가운데 갈등을 피할 수 없는 사람들이 있다. 바로 직장 동료들이 그렇다. 직장 동료 중 열에 아홉은 왠지 모르게 나와 성향이 너무 달라서 대하기 어렵다. 어느 때는 잘 맞는 것 같다가도 언제 그랬냐는 듯 삐걱거린다. 그렇다고 해서 너무 거리를 둘 수도 없고, 너무 가깝게 지낼 수도 없다. 이번 장에서는 직장 동료와 어떻게 지내야 하는지에 대해 이야기해 보고자 한다.

사람을 미워하는 마음을 가져서는 안 되지만, 사람을 경계하는 마음이 없어서도 안 된다. 직장에서는 명백히 경쟁이라는 시스템이 작동한다. 우리 모두는 서로 성과를 경쟁하고, 상대방을 이겨야만 승진의 기회를 잡고 연봉을 올릴 수 있다. 그렇다고 직장 동료와 교류하지 말라는 것은 아니다. 오히려 교류는 꼭 필요하다. 일을 하다 보면 경쟁을 해야 할 때도 있고, 협력을 해야 할 때도 있기 때문이다.

다만, 무엇을 말해야 하고, 무엇을 말하면 안 되는지 분명하게 파악해야 한다. 함께 일하는 동료라는 이유로 그에게 속마음까지 꺼내서 보여줄 필요는 전혀 없는 것이다.

당신이 정직하고 솔직하다는 인상을 주는 사람이라면, 사람들은 당신을 믿고 사랑스러워 할 것이다. 하지만 '지나치게' 정직하고 솔직하다면 '우직한' 사람으로 비춰질 수 있다. 예를 들어, 평소 상사가 어느 회사 대표와의 친분을 과시해왔는데, 실제로는 아무런 인맥이 없었고, 그 사실을 알게 된 당신이 사람들 앞에서 곧이 곧대로 말해버렸다면 어떻게 될까? 말 한마디에 상사의 체면은 말이 아니게 되어버렸다. 당신은 상사에게 미운털이 박힌 것은 물론, 다른 동료들도 당신을 주의 대상으로 여긴다.

정직하고 솔직하게 말한 것뿐인데 억울할 수도 있다. 하지만 사회에서는 무조건 정직하고 솔직하다고 해서 능사가 아니다. 이럴 때는 설사 거짓말을 알게 되더라도 비밀로 간직하는 것이 낫다. 분명 이미 사실을 알고 있으면서 모른 척하는 이들도 있을 것이다. 드러날 거짓말은 당신이 말하지 않아도 드러난다.

또한, 사람에 따라 대처 방식도 달라져야 하는데, 이어서 그에 대해 분석해보도록 하자.

첫째, '겉 다르고 속 다른 사람' 대처법. 당신의 동료가 웃음 뒤에 칼을 감추고 있는 사람이라면, 나 또한 항상 한 수를 남겨두는 방법을 배워야 한다. 이런 사람은 당신이 필요할 때만 친한 척하고, 당신이 도움을 청할 때는 등을 돌린다. 정도가 심하면 당신이 뒤통수를 맞을 일도 생긴다. 이런 사람과는 절대 공개적으로 사이가 틀어져서는 안 된다. 페이스에 휘말려 속마음을 털어놓아서도 안 된다. 도울 수 있을 땐 돕고, 도울 수 없을 땐 분명히 말하자.

둘째, '허풍쟁이' 대처법. 특히 상사에게 입속의 혀처럼 구는 이들이 있다. 혹시나 눈에 거슬려서 쳐다봤다가 그가 알아채면 낭패다. 이런 사람과 적이 되는 것은 현명하지 않다. 당신이 실수하는 순간을 노렸다가 넌지시 상사에게 당신의 뒷담화를 할지도 모른다. 그의 말이 상사에게 얼마나 큰 영향을 미칠지는 예상할 수 없다. 어쨌든 그가 허풍을 떨고 아부를 하는 것이 당신의 일에 지장을 주지 않는다면, 그와 갈등을 일으킬 필요가 없다.

셋째, '변덕쟁이' 대처법. 직장에서는 실컷 얘기해놓고 돌아서면 언제 그랬냐는 듯 딴소리를 하는 사람이 많다. 특히 직급이 높은 사람들이 자주 그런다. 분명 이야기를 나눈 내용도 못 들었다고 하거나 그제까지만 해도 아무 말 없던 사항을 갑자기 오늘 아침에 뒤집어버리기도 한다. 부하직원의 위치에서는 울며 겨자 먹기로 따를 수밖에 없다. 다만, 그 과정에서 혹시라도 당신에게 불똥이 튀지 않도록, 놓친 것은 없는지 철저히 확인해야 한다.

그들이 그렇다고 해서 당신도 닮아가서는 안 된다. 동료들이 당신을 신뢰하지 않고 어떻게서든 엮이는 일을 피할 것이다.

일을 하다 보면 다양하고 특이한 사람들을 만나게 된다. 그들과의 관계를 제대로 이어가지 못하면 직장생활은 가시밭길이 되어버린다. 하지만 우리는 성숙하고 배짱이 두둑한, 우수한 직장인으로 성장할 수 있다. 당신이 현재 직장인이라면 아마도 환경에 적응하느라, 업무를 해내느라, 동료들과 잘 지내느라 여러모로 바쁜 나날을 보내고 있을 것이다. 그런 당신에게 진심으로 응원의 마음을 전한다.

알면 알수록 매력적인 사람이 되는 방법

또 다른 나, '캐릭터'의 힘

항상 다정하던 선배가 승진하면서 갑자기 단호해졌다.

어딘지 모르게 우울하고 무료해 보이던 지인이 아이 아빠가 되더니 갑자기 따뜻하고 친절해졌다.

여러분은 이런 상황을 경험해본 적이 있는가? 잘 알고 지내던 사람이 어떤 일을 계기로 완전히 다른 사람이 된 것 같은 느낌이 든다. 갑작스레 돌변한 태도 때문에 당황스러운 상황에서, 관계도 예전처럼 계속 이어갈 수 있을지 의문이다. 왜 이런 일이 생기는 걸까? 사실 위의 두 상황 모두 '캐릭터 발견'으로 인해 일어난 변화이다.

드라마를 보면 종종 이런 전개가 펼쳐진다. 찔러도 피 한 방울 안 나올 것처럼 냉혹하게 살아온 이가 우연한 계기로 사랑에 빠져, 점차 다정하고 자상한 사람으로 변화한다. 바로 이런 것이 '캐릭터 변화'다.

'캐릭터'란 우리가 사회에서 맡은 책임과 역할을 말한다. 다르게 말하자면 이미지와 같다. 이 캐릭터라는 것은 주로 인간관계에서 그 중요성이 크기 때문에 종종 스트레스의 요인이 되기도 한다. 예를 들어, 학교에서 내 캐릭터가 '친절하고 다정한 선배'라면, 후배의 부탁을 거절하고 싶을 때 거절하지 못하거나 팀 과제를 하다가 불평하고 싶은 것이 생겨도 참아야 한다.

왜 스트레스를 받으면서까지 캐릭터를 지키려고 하는지 이해가 안 될 수도 있다. 하지만 조금만 더 생각해보자. 이제껏 내가 노력으로 만들어온 캐릭터가, 그것도 인간관계에 아주 긍정적인 영향을 주는 캐릭터가 작은 행동 하나로 무너진다면 그건 더 힘들지 않을까?

캐릭터는 우리가 더 빨리 성장하고, 가장 큰 잠재력을 발휘할 수 있도록 북돋아주는 효과적인 수단이기도 하다. 그래서 자신에게 맞는 캐릭터를 찾아야 계속해서 성장해 나갈 수 있다. 어떤 이는 자신의 고유한 원칙과 가치관을 넘어 새로운 역할을 인정받기 위해 또 다른 인격을 만들어내기도 한다.

또한, 다양한 상황에서 맞게 자유자재로 캐릭터를 전환할 수 있는 사람은 부러움의 대상이 된다. 때에 따라 마치 배우처럼 능수능란하게 변할 수 있다면 그것 또한 능력이다. 중요한 미팅에서 반드시 기회를 얻어내야 하는데, 내성적인 성격 탓에 대화를 이끄는 것조차 어렵다면, 털털하고 센스 있는 캐릭터로 변화하고 싶은 마음이 굴뚝같을 것이다. 어떻게 캐릭터를 설정하고 전환할 수 있는지 그 방법만 안다면 당신도 충분히 할 수 있다.

먼저, 자신이 살려야 하는 캐릭터의 특징을 정확하게 이해한다. 되고 싶은 캐릭터가 어떻게 말하고 행동하는지, 어떤 스타일의 옷을 입어야 하는지 등을 미리 공부를 해두자. 그리고 캐릭터를 있는 그대로 받아들인다. 스스로에게 욕망을 충분히 심어주어 이 캐릭터의 역할을 잘 수행할 수 있도록 주관적인 능동성을 발휘하는 것이다. 준비가 끝났다면 행동으로 옮긴다. 적극적인 행동을 취하기 전까지 끊임없이 자신에게 암시를 걸고 연습을 해야 한다. 완벽하게 몰입해서 주도적으로 원하는 상황을 이끌어나간다.

미국의 심리학자 슈퍼Donald E. Super는, 한 사람이 일생 동안 맡아야 할 여러 가지 역할을 '생애진로 무지개'라는 개념으로 설명했다. 살아가면서 우리는 한 가지 역할만 맡는 것이 아니라 여러 가지 역할을 맡게 된다. 집에서, 사회에서, 인간관계에서, 개인의 삶 속에서 저마다 다른 역할을 수행하고 있는 우리의 인생은 극본 없는 드라마와 같다. 한 캐릭터에 너무 깊이 들어가면 다른 캐릭터와의 균형이 깨지고, 너무 얕게 들어가면 이도 저도 아니라서 애매하다. 처음부터 완벽할 수는 없다. 조급하게 생각할 필요 없다. 내게 잘 맞고, 앞으로 발전에 도움이 되는 또 다른 나를 찾아가면 된다.

알면 알수록 매력적인 사람이 되는 방법

호감을 더 상승시키는 반전매력

우리는 사람을 볼 때 그 사람의 사회적 역할에 따른 기대를 갖는다. 당신이 회사 임원이라면 당신의 행동패턴은 상당히 전문적이고, 똑똑하고, 냉정하고, 노련할 것이다. 다시 말해서 '임원' 하면 '똑똑하고 능력 있다'는 꼬리표가 붙어 있는 것이다. 이러한 기대에 따라서 당신은 항상 우아하고 흐트러짐 없는 태도를 유지해야 한다. 그런데 어느 회식 자리에서, 술에 취해 형편없는 실력으로 노래를 부른다면, 그 모습은 당신이 지닌 이미지와 크게 충돌한다. 이 모습에 보는 이들은 할 말을 잃을 정도로 충격을 받겠지만, 어느새 웃음을 지을 것이다. 늘 카리스마 넘치고 냉정한 모습이던 사람이 갑자기 어설픈 모습을 보이니 왠지 친밀감도 느껴진다.

이렇게 흠잡을 데 없어 보이는 사람이, 보통 사람처럼 실수하고 엉뚱한 모습을 보일 때 더 많은 호감을 사는 것을 심리학 용어로 '실수 효과Pratfall Effect'라고 한다.

완벽한 사람과 함께 있으면 '남보다 못하다'는 생각 때문에 안절부절하게 되는 경우가 많다. 이런 열등감이 있는 인간관계는 오래 지속되기 어렵다. 누구도 항상 주눅 든 채로 있기를 원치 않는다. 그런 점에서 우수한 사람이 가끔씩 어눌한 행동을 하면 실망하는 것이 아니라 오히려 인간적인 매력을 느끼는 것이다. 실수 효과의 가치는 바로 여기에 있다.

덩치가 크고 건장한 농구팀 주장이 발그레한 얼굴로 말을 더듬으며 고백할 때, 평소 웃지 않는 상사가 딸에게서 전화가 오면 상냥해질 때, '도대체 못하는 게 뭐야?' 생각했던 사람에게서 엉성한 부분을 발견했을 때 동일한 실수 효과가 적용된다. 반전매력이 더욱 호감을 상승시키는 이유는, '그도 실은 보통 사람과 같은데, 열심히 노력해서 저렇게 완벽해졌구나' 하는 깨달음을 주기 때문 아닐까? 그래서 완벽한 부분도, 엉성한 부분도 모두 긍정적인 반응을 얻는 것이다.

알면 알수록 매력적인 사람이 되는 방법

어떻게 하면 내 부탁을 더 잘 들어줄까?

한 친구가 당신에게 "요즘 내가 많이 어려워서 그러는데 100만 원만 빌려줄 수 있어?"라고 묻는다. 당신은 선뜻 돈을 빌려줄 상황이 아니기 때문에 거절하기로 한다.

"나도 요즘 상황이 그닥 좋지 않아서 안 될 것 같아."

그러자 그가 다시 묻는다.

"그럼 50만 원만 빌려줄 수 있어? 다음 달에 바로 갚을게."

이때부터 당신은 생각이 많아진다. '얘도 진짜 많이 어려워서 물어본 걸 텐데 어쩌지?' 친구에게 50만 원을 빌려주고 나면 이번 달 남은 생활비는 얼마인지, 월급날이 얼마 남았는지 계산해본다. 그리고 벌써 한 번 거절했는데, 또 거절하면 친구가 크게 실망할 것 같다는 생각이 들자, 당신은 알겠다고 한다.

살다 보면 불가피하게 다른 사람의 도움을 받아야 하는 상황에 처하는데, 상대방에게 도움을 요청했다가 단번에 거절을 당할 때도 있다. 어떻게 말하면 상대방이 우리의 요구를 쉽게 들어줄 수 있을까? 다음에 소개할 '면전에서 문 닫기 기술Door In The Face Technique'은 정말 신기한 기술이다.

우리는 대체로 체면을 중시하기 때문에 부탁을 받는 상황에서도 체면 문제에 부딪힌다. 앞의 사례를 살펴보면, '상대방이 체면을 무릅쓰고 부탁했다'와 '내가 이미 부탁을 한 번 거절했는데, 두 번 거절하기에는 체면이 신경 쓰인다'는 두 가지 체면 문제가 있다. 이 점을 협상 테이블에서 활용하는 것이다. 먼저 아주 크고 거절당할 가능성이 있는 요구를 한 다음, 이어서 작은 요구를 하면 체면 문제에 부딪힌 상대방이 더 이상 거절할 수 없게 된다. 이를 면전에서 문 닫기 기술이라고 하는 것이다.

이 기술은 평소 친분이 있는 사람에게 더 적합하다. 서로 잘 알기 때문에 완벽한 타이밍을 잡기도 훨씬 좋다. 이와 대조되는 심리를 이용한 '문간에 발 들여놓기 기술Foot In The Door Technique'도 있다. 이 기술은 면전에서 문 닫기 기술과 달리, 작은 요구를 먼저 하고 나중에 큰 요구를 하는 것이다. '한 번에 크게 요구하면 받아들이기 부담스럽다'는 심리를 이용하여, 작은 일부터 차근차근 요구하면서 최종 목표와의 격차를 줄여나가는 방법이다. 특히 목표가 클 때 활용하면 효과적이다.

예시로, 회사 임원을 만나야 할 일이 있는데, 아무래도 그가 너무 바빠서 좀처럼 기회를 잡기 어렵다면 우선 그에게 "5분만 내줄 수 있으세요?"라고 물어보자. 그러면 상대방은 "5분 정도는 괜찮아요"라고 부담 없이 대답할 것이다. 어쩌면 더 편하게 생각하게 돼서 당신의 이야기를 잘 들어줄 가능성이 높다. 상대방이 당신의 대화에 깊이 빠져들었다는 생각이 들면, "또 이렇게 만나뵐 수 있을까요?"라고 다음 약속을 잡아보자. 그가 받아들인다면 반은 성공한 셈이다.

알면 알수록 매력적인 사람이 되는 방법

때로는 따뜻한 포옹 한 번이 백 마디 말보다 큰 힘이 된다

동기가 찾아와서 이런저런 말을 늘어놓는다.

"오늘 걔랑 싸웠더니 기분이 아주 별로야."

친구가 전화를 해서 이렇게 말한다.

"아무래도 남자친구랑 헤어질까봐."

보통 이럴 때 우리는 상대방의 이야기에서 원인을 분석하고, 적절한 조언을 해준다. 하지만 동기도, 친구도 전혀 고마워하지 않을뿐더러 한숨만 푹푹 내쉴 때가 있다. 사실 그들에게 필요한 건 원인 분석과 조언이 아니다. 그들도 이미 답을 알고 있다. 그저 감정을 쏟아낼 누군가가 필요했던 것뿐이다.

누군가를 위로할 때는, 감정적 지지와 연결을 전제로 하면 된다. 쉽게 말해 공감을 해주면 된다. 공감을 바탕으로 한 효과적인 위로는 총 네 단계로 나눌 수 있다.

감정이입을 해보자. 사실 공감이라는 정서는 예전에는 별로 활용되지 않았다. 우리 사회가 개인의 감정을 중시하는 분위기가 아니었기 때문이다. 우리는 항상 감정을 숨기고 묵묵히 견디는 것에 익숙했다. 그러니 다른 사람의 입장에서 그 사람의 감정을 느낀다는 게 어디 쉬운 일이겠는가. 공감은 기본적으로 '의문문 + 평가'의 형식을 띤다. "많이 힘들지? 너무 갑작스레 일어난 일이라 네가 받아들이기 어려울 것 같아"처럼 우선 감정을 공감해주고, 상대방의 입장에서 이 상황이 어떠할지 생각해보는 것이다.

하소연할 시간을 주자. 사람들이 상담가를 찾아가는 것은 기본적으로 하소연을 하고 싶어서다. 속에 꾹꾹 담아놓기만 했던 것들을 털어놓으면, 감정이 폭포수처럼 쏟아져 마음이 훨씬 가벼워지고 회복이 된다. 친구에게도 이처럼 마음을 털어놓을 수 있는 기회를 주자.

"무슨 일 있었어?", "나한테 얘기해도 돼"와 같은 다정한 물음으로, 당신이 들을 준비가 돼 있다는 신호를 줘도 좋다. 이때 상대방이 얘기할 준비가 덜 됐다면 그저 꼭 안아주거나 감정적인 지지를 보내면 된다.

"괜찮아, 혹시 말하고 싶어지면 언제든지 말해. 난 여기 있을 테니까."

내 입장이 아닌 네 입장에서. 물론, 친구가 당신에게 구체적인 방법을 요목조목 따져서 제시해주기를 바랄 수도 있다. 그럴 때는 먼저 이런 것들을 필요로 하는지 물어보면 좋다. 하지만 얘기를 들어주고 공감해주기를 원한다면, "네가 괴로워하는 모습을 보니까 마음이 아파"와 같은 진심 어린 말만으로도 위로가 된다. 가장 중요한 것은 당신이 언제나 그를 지지한다는 마음을 표현하는 것이다.

행동적인 방법을 제시할 때는 반드시 구체적이어야 하며, 당신이 직접 함께 할 각오를 해야 한다. 한없이 우울해하는 친구에게 "내가 조언 하나 해줄게, 들어볼래? 나도 예전에 비슷한 상황을 겪은 적이 있는데, 나가서 쇼핑하고 여기저기 돌아다니고 나니까 기분이 좀 좋아지더라고. 같이 쇼핑이라도 갈래?"라고 구체적인 행동을 제시해서 기분 전환을 이끄는 것이다.

또, 상대방의 자발적인 노력이 필요한 일에도 당신이 실제로 같이 할 수 있는 요소를 넣어주는 게 필요하다. 이를테면 "물 많이 마셔", "제시간에 약 먹어", "즐겁지 않으면 그냥 그만둬" 같은 말보다는 "물 많이 마셔, 여기 물 따라줄게", "제시간에 약 먹어야지, 오늘 저녁에는 뭐 먹을래? 같이 골라보자", "즐겁지 않으면 그만두는 게 낫지. 내일 헤드헌터한테 메일 보내보자. 너한테 맞는 일이 있는지 찾아보게"처럼 정확한 행동이 제시되는 게 훨씬 효과가 좋다.

우리 곁에 있는 친구나 가족이 고통을 느낄 때 가장 필요한 것은 공감이다. 누군가 그 고통을 분담하고 싶어 한다는 사실을 알려주는 것이 먼저고, 냉정하게 원인을 분석하고 해결책을 찾아내는 것은 그다음이다. 사람을 위로하는 데 가장 기본이 되는 것은 바로 진심이다. 때로는 따뜻한 포옹 한 번이 백 마디 말보다 더 힘이 될 때가 있다.

알면 알수록 매력적인 사람이 되는 방법

당신 곁에 있는 사람의 마음이 아플 때

우리는 스트레스와 우울증이 많은 시대에 살고 있다. 내 주변에도 우울증 진단을 받은 사람이 점점 늘어나고 있고, 왠지 모르게 계속 기분이 좋지 않아 보여 신경 쓰이는 사람도 여럿 있다. 또, 혹시 내가 그런 사람일지도 모른다. 그래서 항상 우리는 서로를 자세히 들여다봐야 한다. 그리고 누군가가 우리에게 도움을 요청할 때 마음에서 우러나오는 관심과 배려를 보인다면 큰 힘이 될 것이다.

만약 친구가 당신에게 "요즘 기분이 영 별로야"라고 말했다면, 당신이 도움을 줄 수 있는 타이밍이라는 뜻이다. 내내 신경 쓰이던 그가 감정을 토로했다는 것은, 자신도 거기서 벗어나고 싶다는 의지이기도 하다. 이제부터 당신이 친구를 얼마나 소중하게 생각하고 있는지 최대한 감정을 전달하고, 도움을 줄 수 있는 부분을 찾아보면 된다.

우선 친구에게 "왜 기분이 별로인 것 같아? 나한테 얘기해볼래?"라고 물어본 뒤에 친구의 말을 경청하자. 친구가 당신이 대충 듣고 있다고 생각하지 않도록 인내심을 가지고, 최선을 다해서 들어야 한다. 그때가 아니라면 친구는 영영 입을 다물어버릴지도 모른다. 아울러 친구와 최대한 눈빛을 주고받아야 한다. 시선을 이리저리 돌리고 몸을 자꾸 움직이면, 보는 사람도 불안해져서 편하게 말할 수 없다.

친구의 이야기가 끝난 후에는 당신이 얘기할 차례다. 여기서 "내 생각에 이건 힘들 것도 아니야", "너보다 힘든 사람이 얼마나 많은데" 같은 말은 절대 금물이다. 사람마다 심리적으로 감당할 수 있는 폭이 다르다. 당신이 보기에는 작은 일일지라도, 다른 사람에게는 정말 큰 고통일 수 있다는 사실을 명심해야 한다. 따라서 "지금 괴로운 건 정상이야. 걱정하지 말고 우리 같이 방법을 찾아보자"라고 말하는 것이 가장 좋고, "지금 네가 두렵고 조급한 건 당연해"라고 감정을 되짚어주거나,

"이 난관을 잘 헤쳐나갈 수 있도록 내가 옆에 있을게"라는 지지의 표현을 하는 것도 큰 힘이 된다.

이것으로 끝이 아니라 그 이후가 더 중요하다. 친구가 평소와 다른 행동을 하거나, 절망감이나 열등감에 사로잡혀 모든 것을 끝내고 싶다는 표현을 하거나, 반대로 갑자기 하루아침에 이제 괜찮다며 신경 쓰지 않아도 된다고 하거나, 평소 아끼던 물건을 선물한다면 즉시 전문 심리상담사에게 연락해서 도움을 받아야 한다.

물론 이 모든 것은 절대 쉬운 일이 아니다. 상대방의 마음을 살피는 동시에 스스로의 마음도 잘 다스려야 한다. 그리고 반드시 힘든 순간도 온다. 그때는 이것을 기억하자. 우리의 마음만 진실하고 선하다면, 상대방의 인생에 다시 꽃을 피울 수 있다. 우리에게 마음을 열고 싶어 하는 사람 모두가 행복해지길 바란다.

함께 있어도 외로운 사람을 위한 심리수업 5

나를 지키고 내 밥그릇도 지키는 기술

부드럽지만 결단력 있게!
내 인생의 주도권은 항상 나에게 있다는 사실을
기억하자.

싫어하는 사람을 통해 볼 수 있는 것

'싫어하는 사람' 하면 누구나 머릿속에 떠오르는 사람이 한두 명씩은 있을 것이다. 나 또한 싫어하는 사람이 여럿 있었다. 그중에서 지금 딱 떠오르는 사람이 하나 있는데, 고등학교 때 같은 반 짝꿍이었다.

우리는 비밀이라곤 없는 그야말로 찐친이었다. 밥도 항상 같이 먹고, 하루 종일 시간 가는 줄 모르고 수다를 떨었다. 그런데 고등학교 3학년이 되면서 친구의 태도가 갑자기 변했다. 공부밖에 모르는 사람처럼 하루 종일 책만 들여다보며, 밥 먹는 시간조차 아까워했다. 물론, 나와 함께 하는 시간도 점점 줄어들었다.

그녀의 성적은 하루가 다르게 좋아졌지만, 나는 공부 스트레스와 친한 친구에게 버림받았다는 배신감에 사로잡힌 채 혼자만의 '동굴'로 들어가 불안한 시간을 보냈다. 그때 나는 모든 책임을 친구의 탓으로 돌렸다. 친구의 모든 것을 트집 잡았다. 친구의 진지하고, 어른스러운 모습이 보기 싫었고, 문제를 풀 때 심각한 듯 미간을 찡그리는 것도 마음에 들지 않았다. 책을 줄줄 외우는 모습도 꼴 보기 싫었다. 나중에는 친구의 뒷모습만 보아도 기분이 나빠지고, 친구가 하는 일은 무조건 싫어했다.

시간이 흐른 후 나는 왜 이토록 친구를 싫어하게 됐는지, 그 답을 찾아보기로 했다. 사실 따지고 보면, 친구가 나에게 잘못한 건 없었다. 내가 친구를 싫어하는 이유에는 모든 일이 순조롭게 풀리는 것에 대한 부러움과 나 자신의 무능력함을 외면하고 싶다는 속마음이 있었다. 그동안 나는 사사건건 친구와 나를 비교하는 데 매달렸던 것이다.

도무지 친구를 싫어할 이유가 없다는 것을 깨달은 나는, 친구의 장점을 하나하나 적어보기로 했다.

- 그녀는 3학년이 되자마자 마지막 전력 질주를 위해 바로 컨디션을 조절했다.

- 그녀는 자신의 현재 상황을 직시하고 구체적인 학습 계획을 세웠다.
- 그녀는 집중력이 강해서 공부에 몰입하면 외부 환경의 영향을 조금도 받지 않았다.

그에 비해 나는 공부를 열심히 해보려는 마음은 가득했지만 독한 마음을 품지 못했다. 한마디로 끈기가 부족했다. 이렇게 나의 어두운 면과 그녀의 밝은 면을 발견하고 나서야 진심으로 그녀의 변화를 받아들일 수 있었다.

결국 누군가를 싫어하는 일에 괜한 힘을 쓸 필요가 없는 것이다. 그건 정말 가치 없는 일이다. 우리가 누군가를 싫어하는 이유는 그 사람 안에서 나의 부족함을 발견하기 때문이다. 당신이 싫어하는 사람에게서 마침내 무언가를 깨닫고 배웠다면, 그것은 결코 헛된 일은 아닐 것이다. 그저 맹목적으로 누군가를 싫어하는 행위는 정말 바보 같은 짓이다.

따라서 '정말' 싫어하는 사람이 나타났을 때는 이러한 부정적인 감정이 우위를 선점하도록 내버려두지 말고, 그 감정이 시작된 시점으로 돌아가 하나하나 되짚어보도록 하자. 그러면서 배울 수 있는 것은 배우는 것이 좋다. 눈에 거슬리는 사람이라고 무조건 싫어하기만 하면 그 사람이 가진 장점 또한 모두 묵살되고, 다양한 방면에서 자신과 다른 사람을 탐구할 수 있는 기회를 놓치고 만다. 이런 상황이 반복되면 사람이 폐쇄적으로 변해버린다.

우리 주변의 모든 사람에게는 장점과 단점이 있다. 싫어하는 사람에게 부정적인 태도를 가져봤자, 오늘 내 기분만 더 나빠진다. 차라리 상대방을 통해서 나 자신을 돌아보는 것이 좋다.

나를 지키고 내 밥그릇도 지키는 기술

우물 안 개구리로 살지 말라

어느 누구도 다른 사람 입에 오르내리는 것을 좋아하는 이는 없다. 하지만 그러면서 정작 뒤에서는 다른 사람에 대해 이야기하는 것을 즐긴다. 이렇게 자신의 이기심이나 질투심은 인식하지 못하면서 다른 사람이 그러한 행동을 하면 강한 거부감을 보인다. 사람은 자신에게는 관대하고 남에게는 엄격한 것이다.

사람들은 대부분 자신을 좋은 사람이라고 생각한다. 누가 자신을 나쁜 사람이라고 생각하겠는가?

설사 나쁜 행동을 했더라도 어떻게든 변명거리를 찾거나 다른 사람에게 책임을 떠넘기곤 한다. 이것이 바로 심리학에서 말하는 '자기 관용Self Forgiveness'이다.

세상에 존재하는 거의 모든 종교에서 공통적으로 가르치는 한 가지는 바로 회개다. 그만큼 용기를 내서 자신의 잘못을 인정하고 뉘우치는 것이 중요하다는 의미일 것이다.

'나는 하루에 여러 번 나를 반성한다吾日三省吾身'는 증자曾子의 말처럼 끊임없는 자기반성이 필요하다. 스스로 반성하는 습관을 길러서 어떤 일이 잘못됐을 때 자신에게 잘못이 없는지, 이 일을 어떻게 책임져야 하는지 자문해볼 수 있어야 한다.

공자의 제자 좌구명이 쓴《좌전左傳》에는 '사람이 성인이 아닌 이상 누가 잘못이 없겠는가人非聖賢, 孰能無過'라는 구절이 나온다. 일이든, 공부든, 일상이든 우리는 때와 장소를 가리지 않고 실수를 하거나 잘못을 저지른다. 지극히 정상적인 모습이다. 문제의 핵심은 우리가 그것을 올바르게 복기하고, 겸허하게 받아들이고, 고치려고 노력하는지에 있다.

그 옛날 초나라의 항우項羽는 자신의 잘못을 인정하지 못하고 결국 오강烏江에서 자결을 택하면서 이렇게 말했다.

"하늘이 나를 망하게 하는 것이지, 결코 내가 잘못 싸운 죄가 아니다天亡我也! 天亡我也."

반면, 항우의 최대 정적이었던 유방劉邦은 간언을 잘 수렴하고, 잘못이 있다면 즉시 바로잡았기 때문에 최후의 승자가 될 수 있었다.

자신의 잘못을 회피하지 않고 받아들일 줄 아는 사람은 언제나 자신을 정확히 알고 있다는 것을 무기로 끊임없이 자신을 성장시킨다.

평소 우리는 항상 자신을 편협한 시각이라는 울타리 안에 가둬두는 것에 익숙하다. 이 상태가 지속되면 시각 자체가 울타리 안에 국한되어 멀리 보는 것도, 다른 시각을 갖는 것도 어려워진다. 무엇을 잘못했는지, 어떻게 변화해야 하는지 발견할 수 없게 된다. 이러한 울타리 안에서 벗어나려면 어떻게 해야 할까?

다른 사람의 의견을 겸허하게 받아들이면 된다. '바둑을 두는 사람보다 옆에서 구경하는 사람이 수를 더 잘 읽는다'는 말처럼 '바둑을 두는 사람'은 문제를 단편적으로 바라보기 때문에 포괄적으로 고려하지 못한다. '구경하는 사람'은 굉장히 중립적인 입장이기 때문에 전체적 흐름을 읽으면서 실수를 발견할 수 있는 것이다.

그러니 다른 사람이 당신에게 조언을 해줄 때에는 반박이나 변명에 급급해하지 말아야 한다. 특히 어려움에 처해 있을수록 다른 사람의 의견을 들어보는 것이 중요하다. 거기서 미처 몰랐던 부분을 알게 될 수도 있다. 조언의 역할은 스스로를 돌아볼 수 있는 계기를 만들어준다는 것이다. 우선 침착한 상태를 유지하면서 스스로에게 부족한 점이 있는지 따져보는 것이 좋다. 또, 상대방의 조언을 참고하여 앞으로 어떻게 하면 좋을지 생각해보는 것도 많은 도움이 된다.

다른 사람에게 지적을 받으면 우리는 '저 사람은 왜 자꾸 다른 사람의 잘못을 물고 늘어지는 거야? 한 번 정도는 좀 그냥 넘어가줄 수 있지 않나?', '왜 마지막에 양보하는 사람이 꼭 나여야 하는 거지?'라는 생각을 할 것이다.

하지만 달리 생각해보면, 잘못을 그때그때 지적해주는 사람이야말로 진심으로 당신을 도와주려고 하는 사람이다. 여태껏 그런 사람이 한 명도 없었다면 당신은 여전히 잘못이 잘못인지 모르고 살고 있을 테니 말이다. 자신을 객관적으로 바라보기 위해서는 주변 사람의 의견을 많이 들어보자. 그들이 당신을 어떻게 대하는지 살펴보면 진짜 자신을 이해하는 데 많은 도움이 될 것이다.

사람의 선함은 '잘못을 고칠 줄 아는 것'에 있다. 잘못을 과감하게 바로잡으면 잘못은 우리의 성공에 중요한 디딤돌이 될 수 있다. 자신의 잘못을 발견하고 인정하는 것은 고귀한 품성이다. 사람은 자신의 단점과 장점을 두루 살필 줄 알아야 한다. 즉, 자신을 잘 알아야 한다. 그래야 점점 더 장점을 발전시키고, 단점을 해소시킬 수 있다. 그렇게 자신의 능력을 십분 발휘하여 좋은 성과를 거둘 수 있다.

나를 지키고 내 밥그릇도 지키는 기술

샌드위치를 쌓듯이 말을 쌓아라

어느 날 친구의 잘못된 행동을 본 당신은, 좋은 마음으로 조언을 했다. 그런데 정작 친구는 고마워하지 않고, 오히려 당신에게 거리를 두기 시작한다. 차라리 불만이나 서운함을 속 시원히 털어놓으면 좋겠는데, 아무렇지 않은 척 피하기만 한다. 당신의 마음만 답답하다.

한창 연애 중인 당신, 어느 순간부터 상대의 습관이 마음에 들지 않아서, 만날 때마다 신경 쓰이기 시작한다. 괜히 말했다가 다투거나, 심하면 헤어질 수도 있다는 생각에 망설이다가 일단 말해보기로 한다.

우리는 '몸에 좋은 약은 입에 쓰고 진심 어린 충고는 귀에 거슬리지만 도움이 된다'는 말을 자주 사용하지만, 실제로 '진심 어린 충고'를 했을 때 제대로 받아들여지는 경우는 많지 않다. 의도와는 정반대의 결과가 나오는 경우가 많을뿐더러 인간관계에도 큰 영향을 미친다. 어떻게 하면 상대방이 자신의 비판과 조언을 적극적으로 수용하게 할 수 있을까? 반드시 주의해야 할 두 가지 절대 원칙이 있다.

무조건 다른 사람의 의견을 무시해서는 안 된다. 우리는 직장이나 일상에서 성격이 강한, 소위 '센' 사람들을 종종 만나게 되는데, 그들은 자기 주관이 매우 뚜렷한 편이라 혹시라도 누군가 다른 의견을 제시하거나 자신의 단점과 실수를 지적하면, 망설이지 않고 상대방의 말에 반박을 가한다. 그러면 얘기 중이던 상대방은 불쾌할 수밖에 없다. 이후에는 말해봤자 '피곤해져서' 어떤 얘기도 꺼내지 않게 된다.

혹시 당신이 이런 사람이거나 이런 사람을 상대해야 한다면, 먼저 상대방의 의견을 인정한다는 입장을 분명히 해야 한다. 그다음에 자신의 관점과 의견을 설명한다면, 서로 의견을 조율할 수 있다.

비판의 진정한 목적은 '상대방을 쳐부수자'도 아니고 '상처를 주자'도 아니다. 이런 태도는 업무적 관계뿐만 아니라 모든 인간관계에서 필요하다.

공개석상에서 다른 사람을 비판하는 일은 절대 금물이다. 회의 중 동료가 만든 데이터에서 오류를 발견한 당신이 바로 그 자리에서 오류를 지적했다면, 미안하지만 그건 좀 너무했다. 당신의 말투가 부드러웠든 아니든 문제가 아니다. 동료의 입장에서는 '회의 후에 얘기해줘도 충분했을 텐데'라고 생각할 수 있다. 창피하고 민망스러워서 하루 종일 일이 손에 안 잡힐 수도 있다. 따라서 공개석상에서의 비판은 더욱 신중에 신중을 기울여야 한다.

우리가 조언을 할 때 가장 간과하기 쉬운 것은 바로 '자기 딴에서' 상대방을 위한다는 점이다. 당신이 상대방의 입장에서 충분히 생각하지 않고 비판했다면, 그것은 결코 선의라고 볼 수 없다. 오히려 '자존심을 짓밟혔다'는 생각만 남을 수 있다. 아무리 선의라고 해도 수포로 돌아가고, 좋은 관계를 맺는 데도 지장을 준다. 어떤 방법으로 잘못을 지적해야 상대방이 상처를 받지 않을 수 있을까? 나는 '샌드위치 대화법'을 추천한다.

샌드위치를 만들 때 빵에 버터를 바르고, 햄과 치즈를 올리고, 양상추를 올리고, 소스로 마무리하듯이 상대방에게 필요한 조언과 비판을 칭찬 사이에 끼워 넣는 것이다. 1층에는 상대방의 장점이나 긍정적인 면을 인정하고, 높이 평가하는 공감의 메시지를, 중간 2층에는 조언이나 비판, 서로 다른 관점에 대한 메시지를, 마지막 3층에는 상대방을 격려하고 지지한다는 메시지를 넣는 것이다.

이렇게 하면 상대방에게 조언과 비판을 전하면서도 자존심이나 열정을 꺾지 않을 수 있다. 또한, 상대방이 적극적으로 조언을 받아들일 수 있도록 해줘서 자신의 부족한 점을 고치는 데 더 노력을 기울이게 된다.

예를 들어, 직장에서 상사가 당신에게 "이번 달 실적이 좋지 않은데, 대체 어떻게 된 겁니까!"라고 직접적으로 비판을 가했다면, 비록 상사가 말한 것이 모두 사실일지라도 당신은 왠지 모르게 억울하고 불쾌할 것이다. 반대로 상사가 "지난달에 너무 고생했어요. 꼼꼼하게 잘 처리했더군요. 회사에서도 잘 알고 있어요. 그런데 일부 미흡한 점이 있었고 처리가 지연된 부분도 있었어요. 다음 달에는 더 좋은 실적을 낼 수 있도록 애써주세요"라고 말했다면, 앞으로 더 열심히 하겠다는 굳은 의지가 생길 것이다. 누구라도 그렇지 않겠는가?

그렇다면 친구에게는 어떻게 하는 것이 좋을까? 아무리 친한 친구라고 해도 자꾸 이래라저래라 한다면 시간이 지날수록 서로 불편해진다. 이 경우에도 샌드위치 대화법을 사용해보자.

첫째, 기분 좋은 말로 무장해제시키자. "항상 나한테 잘해줘서 너무 고마워. 널 알게 된 건 정말 행운이야"라는 말을 해준다.

둘째, 당신의 조언이나 비판을 완곡하게 표현한다. "네가 가끔 한 번씩 나한테 도와달라고 하잖아. 일부러 그러는 게 아닌 건 알지만, 가끔 우리 둘 다 거기에 매달려서 시간을 낭비한다는 생각이 들 때가 있어. 사실 너 혼자 생각해보고 직접 해보는 게 더 효율적일 수 있어"라는 표현은 어떨까?

셋째, 격려와 희망으로 친구의 부족함을 개선할 수 있다. "네 능력은 뛰어나니까 혼자서도 잘할 수 있을 거라고 믿어. 넌 몇 번 해보면 금방 능숙해지잖아. 해결할 수 없는 문제가 생기면 그때 같이 해보자. 내가 꼭 도와줄게"라고 말해보자.

이렇게 하면 친구는 자신의 행동을 되돌아볼 수 있을 뿐만 아니라 당신이 최대한 배려하면서 얘기했다는 것을 알아차리고 고마워할 것이다. 당신의 이야기를 기분 나쁘게 받아들이지 않아 감정도 크게 상하지 않는다.

정리하자면, 비판 자체가 목적이 되어서는 안 된다. 우리가 상대방에게 비판과 조언을 하는 이유에 대해 깊이 생각해봐야 한다. 단순히 '자기 취향이나 가치관에 맞지 않아서', '그냥 싫어서'가 이유여서는 안 된다. 두 사람이 관계를 잘 유지하기 위함이기도 하고, 더 나아가 상대방이 잘못을 고치고 개선한다면 큰 성장을 이룰 수 있어야 하는 것이다.

우리는 앞서 어떻게 표현하느냐에 따라 그 반응과 효과가 달라진다는 것을 배웠다. 소통의 효과를 높이기 위해서는 항상 부드러운 방식으로 우리의 생각을 표현해야 한다. 그리고 우리 또한 다른 사람의 비판을 더 관대하게 받아들이는 사람이 되어야 할 것이다.

나를 지키고 내 밥그릇도 지키는 기술

'수동적 공격'에 절대 지지 않는 방법

회사에서 임시 프로젝트팀을 꾸렸다. 그중 한 명인 A씨는 처음에는 굉장히 협조적인 모습을 보였다. 주어진 업무에 흔쾌히 응하며, 긍정적인 인상을 줬다. 그런데 점점 팀 회의에 지각을 하거나 핑계를 대고 불참하는 경우가 잦아졌다. 업무도 게을리하고 제출해야 하는 서류도 대충 붙여넣기로 끼워 맞췄다. 그의 표리부동한 태도에 당신은 화가 치밀어 올랐지만, 결국 그를 도와 뒷수습을 할 수밖에 없었다. 그에게는 업무를 분담해줘봤자 또 대충하거나 미뤄버릴 것이 분명하므로, 그냥 당신이 도맡아 했다.

누구나 이런 경험이 한 번씩은 있을 것이다. 심리학에서는 이렇게 앞에서는 협조적으로 응해놓고 뒤에서는 일을 지연시키거나 대충 처리해버리는 행동을 두고 '수동적 공격'이라고 부른다. 수동적 공격은 부정적이고, 악의적이고, 은폐된 방법으로 분노를 표출하는 수단으로, 자신의 마음에 들지 않는 사람이나 사건을 공격하는 것이다.

다른 사람의 요구를 직접적으로 거절하는 것보다 수동적인 공격을 가하는 방식이 훨씬 다양하다. 겉으론 흔쾌히 알겠다고 해놓고선 은근히 시간을 끌고, 대강대강 하고, 두 번 일하게 해서 진행을 지연시킨다. 혹은 은연중에 상대방의 잘못이나 결점을 부각시킨다.

보통은 수동적인 공격을 당해도 전혀 인식하지 못할 때가 많다. 그저 단순히 상대방이 야무지지 못하다고 생각할 뿐, 공격이라고까지는 생각하지 않는다.

이 때문에 반격도 쉽지가 않다. 빈틈없는 적시타가 아니라면, 오히려 생사람 잡는다는 소리를 들을 수 있다. 하지만 적절한 반격을 가한다면 상황을 뒤집을 수 있다. 그런데 애석하게도 수동적 공격 여부를 판단할 수 있는 정확한 근거는 없다. 상대방의 행동이 악의적인 것 같다는 생각이 들어도, 물증이 없으니 착각이려니 넘어가는 경우가 많다. 그렇다 해도 미리 대처법을 알아두면, 수동적 공격에 넘어가지 않는 것은 물론, 적시에 반격을 가할 수도 있을 것이다.

위에서도 수동적 공격의 징후들을 얘기하긴 했지만, 그 사람의 일상적인 행동에서 그런 징후들이 보인다고 해서 반드시 수동적인 공격을 한다고 볼 순 없다. 징후들을 근거로 배후에 있는 동기와 욕구를 파악해서 그 여부를 판단할 수 있다. 예를 들어, 평소 이런 행동의 빈도를 따져보면 수동적인 공격인지, 일시적인 실수인지 판단이 가능하다.

팀 프로젝트를 진행할 때는 모든 팀원의 분업상황과 진행현황을 정확히 하자. 개인의 작업진도와 성과를 정리해서 회의 때 모두에게 공개하며, 수동적 공격을 가하는 상대에게 진행이 더딘 이유와 앞으로의 계획에 대해 물어보자. 이렇게 하면 상대방에게 '당신의 무책임한 행동이나 실수에 대해 책임을 지는 것은 당신'이라는 사실을 일러주는 것이기도 하다.

상대방과 구체적이고 결단력 있는 소통을 해야 한다. 여기서 소통의 내용은 반드시 구체적인 사안과 행위가 핵심이 되어야 한다. 구체적 방안이 없는 가벼운 이야기를 나누는 대화는 절대 금물이다. "두 번째 파트 PPT 말이에요, 언제 마무리 돼요? 다들 바쁘니까 정확히 날짜를 말해주면 좋겠어요" 정도로 접근해보길 바란다.

직장에서는 양측 모두 이익을 얻는 윈윈의 결과가 필요하기 때문에 궁극적인 목적은 서로를 추궁하고 질책하는 것이 아니라 문제 해결에 있다는 것을 명심해야 한다. 이때 결단력 있는 소통은 문제를 해결하는 열쇠가 되어줄 것이다.

나를 지키고 내 밥그릇도 지키는 기술

거짓말을 가려낼 수 있는가?

여러분은 처음 거짓말을 했던 때를 기억하는가? 나는 아마도 아주 어렸을 때였던 것 같다. 그때부터 지금까지 살아오면서 얼마나 많은 거짓말을 했을까? 사람은 보통 하루에 두 번 이상 거짓말을 한다고 한다. 솔직히 놀랄 일은 아니나, 그 정도와 의도에 따라 다른 사람을 바보로 만들거나 커다란 상처를 주기도 하니 조심해야 한다.

특히 연애 중에 바람을 피우거나, 사기를 치기 위해 하는 악의적인 거짓말이 그렇다. 진실이 밝혀진 뒤 찾아오는 배신감은 말로 표현할 수 없이 크다.

물론, 가끔은 선의의 거짓말도 필요하다. 예를 들어, 외지에서 아르바이트를 하는 아들이 부모님을 안심시키기 위해 거짓말을 하거나 애인의 기분을 좋게 해주기 위해 거짓말을 하는 것 말이다. 선의의 거짓말처럼 어떤 거짓말은 용서받을 수 있다. 하지만 그 외의 다른 거짓말은 악의적인 의도가 숨어 있을 수 있으므로 잘 가려낼 줄 알아야 한다. 그렇지 않으면 믿는 도끼에 발등 찍히는 일이 생긴다.

그래서 이번 장에서는 상대방이 거짓말을 하고 있는지 알아볼 수 있는 방법을 소개해보려고 한다.

첫째, 문장의 길이를 살펴본다. 거짓말은 진실보다 훨씬 짧을뿐더러 세부적인 묘사도 적은 편이다. 진실을 말하는 사람은, 직접 겪은 사람만 알 수 있는 몇몇 세부사항을 상세하게 묘사할 수 있다. 당신이 누군가에게 어머니에 대한 감정을 물어봤을 때 평소 어머니가 했던 말이나 머리를 쓸어넘기는 버릇 등을 마치 영화의 한 장면처럼 묘사한다면, 그의 말은 사실일 가능성이 높다. 그에 비해 거짓말을 하는 사람은 오히려 보통 사람이라면 기억하지 못하는 부분을 매우 수월하게 묘사하는데, 이는 모두 준비된 거짓말이기 때문이다. 남자친구에게 어젯밤에 어디 갔었는지 물어봤을 때 그가 1분 1초 단위로 너무 구체적으로 상황을 설명한다면, 거짓말일 가능성이 크다.

둘째, 자신을 지칭하는 단어 사용을 피한다. 거짓말을 하면 자기도 모르게 '나'와 같은, 자신을 지칭하는 단어의 사용을 최대한 자제하려고 한다. 자기가 좋아하는 영화에 대해 말할 때 주관적인 감상이 아니라 대중의 평가에 치중해서 이야기를 한다면, 그 사람은 그 영화를 좋아하지 않거나 아예 보지 않았을 수도 있다. 정말 그 영화를 좋아하는 사람은 "영화 속 그 장면을 봤을 때 우리 집 앞 잔디밭이 떠올랐어", "너무 눈물이 났어" 같은 반응을 보인다.

셋째, 자신의 감정을 얘기하지 않거나 대충 넘겨버린다. 남자친구에게 다른 여성에 대해 예쁜지 물어보면 "내 룸메이트는 예쁘다고 하더라" 하는 대답이 돌아온다. 벌써 여러분도 눈치챘을 것이다. 룸메이트는 남자친구의 의견을 대변하려고 내세운 인물이다. 그 또한 그 여성을 예쁘다고 생각하는 것이다.

다음의 이야기 중 한 편은 진실이고, 다른 한 편은 거짓이니 읽으면서 잘 분별할 수 있는지 스스로 시험해보길 바란다.

첫 번째

내가 가장 좋아하는 음식은 케첩이다. 나는 모든 음식에 케첩을 발라 먹는다. 이 습관은 어렸을 때부터 몸에 배어서인지 쉽게 변하지 않는 것 같다. 그 계기는 정말 별것 아니긴 했다. 하루는 엄마에게 빵에 발라 먹을 잼을 달라고 하자, 엄마가 "우리 잼이 하나도 없는데 어쩌지?"라고 하셨다. 내가 아쉬워하며 떼를 부리자 엄마는 다른 걸 해주겠다며 버터를 잔뜩 바른 빵 위에 케첩을 발라 주셨다. 그게 어찌나 맛있던지. 그때부터 나는 케첩의 매력에 홀딱 빠지고 말았다. 지금도 배가 고파지면 바로 냉장고로 달려가 빵 한 조각을 꺼내 버터를 바르고 그 위에 케첩을 듬뿍 발라 먹는다. 그러면 기분이 정말 좋아진다.

두 번째

지금 딱 떠오르는 음식을 말해보자면 사워크림이다. 나는 마요네즈를 섞은 아보카도 위에 사워크림을 얹어 먹는 것을 좋아한다. 아마 멕시코 음식 그 특유의 맛을 좋아해서 그런 것 같다. 어릴 적 엄마는 마요네즈를 바른 토마토 샌드위치를 드셨다. 마요네즈를 싫어했던 나는 마요네즈가 사워크림처럼 보여서 한 번도 사워크림을 먹지 않았었다. 하지만 지금은, 뭐라 말로 표현할 수 없을 정도로 좋다. 게다가 지방함량이 적은 것을 고를 수도 있어서 부담 없이 먹을 수 있다.

어느 것이 거짓말인지 알아차렸는가? 정답은 두 번째 것이다. 그는 샤워크림에 대한 자기의 느낌은 아주 짧게 말하는 반면, 주제와 관련 없는 이야기를 많이 했다.

우리가 하는 대화 내용 중 1/3은 어떤 식으로든 속임수를 포함하고 있는데, 거짓말의 80%는 영원히 밝혀지지 않을지도 모른다고 한다. 생각보다 더 많은 사람이 크고 작은 거짓말에 속고 있는 것이다.

하지만 평소에 사람들이 하는 거짓말은 대부분 너무 사소해서 그리 중요하지 않을 뿐더러 그중 일부는 선의로 행해진다. 말 하나하나에 거짓말인지 아닌지 너무 신경 쓸 필요는 없다는 얘기다. 다만, 누군가를 속이기 위한, 상처 주기 위한 거짓말은 반드시 경계해야 한다.

나를 지키고 내 밥그릇도 지키는 기술

눈 마주침으로 알 수 있는 것

셰익스피어의 《헨리 4세》 제 1막에는 이런 대사가 있다.

'하나님이시여, 대체 세상은 왜 이렇게 거짓말하기를 좋아하나이까?'

신호위반으로 교통경찰에게 훈계를 받는 운전자는 일을 더 복잡하게 만들지 않기 위해 억지로라도 웃음을 지으며, 고분고분한 태도를 보인다.

방금 전까지 냉랭한 기운이 감돌던 부부가 손님이 오자 아무 일도 없었던 것처럼 웃는 얼굴로 맞이한다.

그렇다. 우리는 가끔 부득이하게 거짓말을 한다. 이런 거짓말은 자신을 지키기 위해서이기도 하고, 다른 사람을 위해서이기도 하다. 혹은 모종의 이익을 위해서이기도 하다. 그러나 어떤 거짓말이든 진실이 밝혀지면 끔찍하다. 거짓말한 사람의 신뢰는 바닥으로 떨어지고 인간관계에도 큰 지장을 준다.

"엄마 눈 보고 얘기해봐."

어린 자녀를 둔 부모가 자주 하는 말이다. 부모는 자녀가 의심스럽거나 어딘지 모르게 부자연스러울 때 거짓말인지 아닌지 알아보기 위해 눈을 마주친다. 실제로 우리 눈은 사람의 진실한 감정이 가장 잘 드러나는 부위다. 또한, 누군가 당신에게 눈짓을 보낸다면, 둘 사이의 무언의 약속을 암시하거나 서로 동일한 감정과 생각을 갖고 있다는 것을 보여주기도 한다.

당신은 다른 사람의 눈빛만 보고도 그 안에 숨겨진 비밀을 알아낼 수 있는가? 눈으로 거짓말을 확인할 수 있는 방법에 대해 살펴보자.

첫째, 시선의 방향. 눈이 주시하고 있는 방향이나 시선은 사람의 감정과 의사를 반영한다. 눈을 마주치지 못하는 것은 언제나 거짓말의 상징으로 여겨진다. 시선회피는 '다른 사람이 내 마음을 꿰뚫어보지 않았으면 좋겠다'는 심리적 작용에서 비롯한다. 대화 중에 상대방의 눈빛이 흔들리고, 눈을 자주 깜박거리거나 두리번거린다면, 그만큼 그가 불안하고 진실하지 못하다는 것을 의미한다.

둘째, 눈동자의 변화. 동공 크기는 사람의 감정적 변화를 반영한다. 감정이 격해지면 자기도 모르게 눈동자가 커지는데, 거짓말을 할 때도 긴장하는 등의 감정적 변화에 따라 동공 크기가 달라진다. 다만, 상황에 따라 단지 감정이 격해진 걸 수도 있으므로 꼭 거짓말을 하고 있다는 증거는 아니다.

셋째, 깜박이는 횟수. 보통 사람의 경우, 1분에 5~8회 정도 눈을 깜박인다고 한다. 그러나 감정에 기복이 생기거나 예상치 못한 변화가 발생하면 그 횟수도 늘어난다. 동공의 크기가 커지고 작아지는 것처럼, 눈 깜박임도 무의식중에 나오는 반응이다.

누군가 눈을 자주 깜박거린다면 틀림없이 비밀을 숨기고 있지만, 당신에게 말할 생각은 아니라는 반증이다. 어쩌면 지금 딜레마에 빠져 있을 수도 있다. 당신이 자신의 마음을 읽을까 봐 똑바로 쳐다보지도 못하고, 엉겁결에 말이 새어 나오지 않게 주의하고 있기 때문에 자꾸 눈을 깜박거리면서 본심을 감추는 것이다.

'눈은 마음의 창'이라는 말이 있지만, 나는 '눈은 마음의 문'이라는 말이 더 어울린다고 생각한다. 우리가 눈을 감는 것은 집에 들어와서 문을 닫는 것처럼, 다른 사람이 자신의 깊은 속내를 들여다보지 못하게 하려는 의도가 있다. 마찬가지로, 진실을 이야기할 때는 눈을 똑바로 마주하는 것이 더 깊은 신뢰를 줄 수 있다.

나를 지키고 내 밥그릇도 지키는 기술

작은 모임이 당신의 생활을 흔든다

드라마 〈응답하라 1988〉의 한 장면이 내내 머릿속에서 떠나지 않는다. 남편이 퇴근하기 전, 아내들은 골목에 모여 앉아 저녁거리로 쓸 채소를 다듬으며, 이런저런 얘기를 나누고 있다. 서로의 기쁨은 함께 나누고, 서로의 슬픔에 한숨을 내쉬기도 한다. 골목에 앉아 있는 그들에게 붉은 석양이 내려앉은 모습이 꼭 집 안에 피워둔 따뜻한 난로 같다. 그 평범한 모습에서 커다란 행복을 느꼈다.

사람들은 일반적으로 골목에 둘러앉은 아내들처럼 '작은 모임'을 좋아한다. 학교든, 직장이든, 큰 집단에서는 언제나 여러 개의 작은 모임들이 파생된다. 드라마에 묘사된 것처럼 그 안에서 서로의 희로애락을 나누는 정겨운 구석도 있지만, 일부는 오히려 생각지도 못한 스트레스를 부르기도 한다.

사회 속 작은 모임의 가장 큰 단점은, 개인의 독립적인 사고력을 없애고, '도덕적 결속'을 우선시한다는 것이다. 지금 사회에는 대중심리의 영향으로 '다수의 의견이 정의다'라는 그릇된 신념에 사로잡혀 있는 사람들이 많다. 그런 이들이 자신과 견해가 일치하는 사람들을 모아 이른바 '도덕 대표단'과 같은 모임을 결성하고, 그 외의 사람들에게 잣대를 들이민다.

대개 처음엔 정의로운 목적으로 모였어도 점차 잘못된 방향으로 변질되기 마련이다. 이에 용감하게 나서서 반대하는 사람이 없다면, 구성원 전체가 무작정 주류의 의견에 휩쓸려가는, 선동 모임이 된다.

어떤 공공의 적이 있어서 모인 사람들은, 목적이 하나밖에 없다. 바로 적을 말살시키는 것이다. 아무나 사람들을 더 많이 끌어들이고, 몸집을 불려서 적을 고립시키고 공격한다. 또한, 모든 리더가 따를 만한 사람이 아닐 수 있다. 그저 자극적인 말을 잘하는, 선동가 기질이 있는 사람이라면, 올바른 리더십을 기대하기 어렵다. 조금만 생각이 달라도 포용하지 못하고,

당신을 배신자로 낙인찍을 것이다.

손톱은 제때 깎지 않고 계속 두면 필요 없는 곳으로 영양분이 공급돼서 끝도 없이 길어진다. 자칫하다간 자신이나 다른 사람에게 상처를 입힐 수 있다. 다른 사람에 대한 악감정이 생기더라도 건강하게 해소하려고 해야지, 여기저기 다니면서 헐뜯지 말아야 한다. 우리 마음속 악마를 풀어주는 것이나 마찬가지여서 나중에 멈추고 싶어도 자제하기가 어렵다.

작은 모임에 들어가면 우리는 생각은 다를지라도 환경의 필요에 따라 자신을 그 안에 끼워 맞추는 경우가 많다. 건전하고 좋은 모임이든 배척 성향이 짙은 모임이든 참여할 때는 언제나 독립적인 사고로 무장하고, 맑은 정신으로 깨어 있어야 한다.

직장에서도 여러 이유에 의해서 그룹이 나뉜다. 이런 상황에서 상사가 각 그룹의 협력을 필요로 하는 업무를 주었을 때는 어떻게 해야 할까? 서로에 대한 편견과 거리감으로 인해 협력이 어려울 수 있다. 그때는 각 그룹의 핵심 인물을 파악하고, 그들에게 이 업무에서 얻을 수 있는 성과를 제시하면서 자발적인 협조를 이끌어내야 한다.

건강한 모임은 좋은 인간관계를 맺을 수 있는 계기이기도 하다. 그를 통해 큰 즐거움을 얻고 구성원이 함께 성장해 나갈 수 있다. 모임이 계속 잘 유지되고 관계가 끈끈해지면, 마치 가족처럼 가까운 사이가 될 수도 있다. 하지만 건강하지 않은 모임은 우리의 생활에 심각한 영향을 미치고, 우리를 잘못된 방향으로 인도한다. 우리가 어떤 모임과 그룹에 속해 있든 항상 자신을 잃지 말아야 한다. 이보다 더 중요한 것은 없다.

나를 지키고 내 밥그릇도 지키는 기술

당신은 감정 쓰레기통이 아니다

며칠 전 한 친구가 나에게 이런 메시지를 보냈다. '그동안 사이좋게 지내던 친구와 떨어져 있고 싶어졌어.' 이유를 물어보니, 그녀의 친구가 최근 실패를 거듭하면서 정서적으로 힘든 부분을 그녀에게 매일같이 하소연하는 바람에 마음이 힘들어졌다는 것이다. 그녀 입장에서는 그 친구의 이런저런 불평과 원망을 듣고 있자니 재미가 없는 건 둘째치고, 마치 자신이 '감정 쓰레기통'이 된 것 같아 기분이 가라앉고 우울해졌다.

우리 주변에는 부정적인 에너지를 지치지도 않고 전달하는 사람이 한두 명씩은 꼭 있다. 그들의 삶은 왜 그렇게 크고 작은 고난이 많은 것인지 즐거움이라고는 조금도 찾아볼 수 없다.

심리학에서는 이러한 부정적 에너지Negative Energy가 마치 전염병처럼 빠르게 퍼져나가 주변 사람의 정신건강에까지 영향을 미친다고 한다. 물론, 힘든 일을 겪은 친구의 곁에 있어주고, 이야기를 들어주는 것은 꼭 필요한 일이다. 하지만 그가 계속 거기서 빠져나오지 못하고, 부정적인 생각과 말만 되풀이한다면 곁에 있는 사람으로서는 참기 힘든 일이다. 내 친구처럼 잠시 거리를 두기로 하는 게 현명할 수 있다. 그렇다면 맹목적으로 부정적인 에너지를 전파하는 사람들의 유형을 한번 살펴보자.

불평과 비난을 좋아하는 사람. 문제가 발생할 때마다 그들은 항상 습관적으로 문제의 원인을 다른 사람의 탓으로 돌린다. 그도 아니라면 생활환경, 사회제도에 문제가 있다고 생각하지, 자신에게는 잘못이 없다는 입장이다. 그러므로 당연히 책임을 질 필요도 없고, 자신을 변화시킬 이유는 더더군다나 없는 것이다. 그들에게는 모든 일이 골칫거리일 뿐이다.

과도한 나르시시스트. 자기 자신을 사랑하는 마음이 지나칠 정도로 커서 다른 사람을 무시하기까지 한다. 맹목적으로 자신을 숭배하고 다른 사람들은 그저 무능하다고 생각하는 경우가 많다. 그들은 다른 사람의 생각과 감정을 이해하지 못하는 것을 넘어서서 상대방의 자존심을 서슴없이 짓밟으며 자신의 우월함을 과시한다.

습관적으로 'No'라고 하는 사람. 필요 이상으로 방어적이고 모든 일에 대해 비관적이다. 그들은 익숙하지 않은 새로운 일을 접하는 것에 대해 너무 위험하다고 생각하기 때문에 항상 'No'를 외친다.

이 외에도 부정적인 에너지를 가진 사람은 성질이 급하고 쉽게 화를 내며, 편집증적인 성향도 보인다.

살아가면서 부정적인 에너지를 내뿜는 사람들과의 교제를 피하기는 결코 쉽지 않다. 당신이 정말 견디기 힘들다면 과감히 그 사람과 거리 두기를 선택해라. 그의 부정적인 에너지가 당신에게 심각한 영향을 미친다면 당분간 그와 연락하지 않도록 해라. 우리는 어떤 사람과 어울릴 것인지 선택할 권리가 있다.

그리고 마음을 단단히 지켜야 한다. 이것이 내가 가장 하고 싶은 말이기도 하다. 다른 사람이 우리에게 끼치는 영향보다 나 자신이 우리에게 미치는 영향이 훨씬 크다. 당신이 어떤 사람인지, 어떤 사람이 되고 싶은지가 당신에게 가장 중요한 것이다. 이 두 가지가 확고하다면 부정적인 에너지를 가진 사람이 주변에 나타나도 객관적으로 대처할 수 있다. 인생의 주도권은 항상 우리, 나에게 있어야 한다는 사실을 기억하자.

함께 있어도 외로운 사람을 위한 심리수업 6

멀어지는 친구여, 널 어떻게 하면 좋을까

사랑하는 친구에게,
비록 우리가 멀어지더라도
너와 함께 보낸 세월은 나에게 더없이 소중한 추억이야.
우리의 우정은 영원할 거야. 너는 영원히 내 마음에,
내 기억 속에 아름답게 자리 잡고 있을 테니 말이야.

멀어지는 친구여, 널 어떻게 하면 좋을까

나의 외로움은 아무도 모를 거야

'당신은 언제 가장 외롭다고 느끼나요?'라는 물음에 무수히 많은 답변이 쏟아졌다.

복잡하고 시끌시끌한 도시에 살고 있는데, 막상 만날 사람이 없을 때 외로워요.

이사하는 데 도와줄 사람이 없더라고요. 이럴 때 외롭죠.

나는 혼자 왔는데 다른 사람들은 짝지어서 왔을 때 외로웠어요.

혼자 병원에 가서 수술받을 때 정말 외로웠습니다.

……

사람들의 이야기를 읽다가 마지막에 한동안 멈춰 있었다. 그리고 그 상황을 상상해봤다.

병실 안에는 여러 환자가 있고, 그들의 곁에는 가족들이 있다. 이제 곧 수술실에 들어가야 하는 내 옆에는 아무도 없다. 휴대폰을 들어 연락처를 이리저리 뒤져보지만 내 곁을 지켜줄 마땅한 사람을 찾을 수 없다. 부모님은 괜히 귀찮게 하고 싶지 않다…….

의지할 사람이 없다는 건 어떤 느낌일까?

외로움은 누구나 한 번쯤 느껴본 적 있는 감정이지만, 각각의 크기와 깊이가 달라서 다른 사람이 온전히 이해할 수 없는 영역에 있다. 심리학에서는 외로움을 외부 세계와의 단절감, 인간관계에서의 소외감 등에서 비롯하는 슬픈 감정으로 본다. 외로움의 세계에서는 의지할 사람도, 이해해줄 사람도 없다. 당신의 이런 외로움은 어디서 온 것일까? 그리고 언제 시작된 것일까?

아마도 당신도 몰랐던 어느 시점부터 싹이 트고 자라고 있었는지도 모른다. 어린 시절에는 사랑과 관심이 부족했고 부모와의 관계가 좋지 않아서 애착관계를 형성할 수 있는 사람을 찾지 못했다. 그리고 성인이 된 후에는 자신감과 대인관계 노하우가 부족하여 누군가와 밀접한 관계를 맺고 유지하는 법을 몰랐다. 그렇게 조금씩 외로움은 우리가 '바다'에 잠길 때까지 깊어져 갔다.

이제 이 길고 긴 외로움에 종지부를 찍기 위해서는, 나아가서 더 이상 소외되지 않고, 적극적이고 건강한 삶을 살기 위해서는 외로움을 해소하는 방법을 배워야 한다. 나는 두 가지 제안을 하려고 한다.

첫째, 친밀감을 형성하는 방법을 다시 배우자. 이를 위해 우리가 노력해야 할 것들이 있는데, 바로 과감한 교제와 외부와의 교류 강화다. 우리는 생소하고 익숙하지 않은 곳에 있으면 더 쉽게 상실감이나 외로움을 느낀다. 이럴 때는 차라리 '나 자신 잊어버리기'를 시도해보고, 용기를 내서 사람들과 교제하는 것이 좋다.

우리는 때때로 자신에게 '의지할 사람이 없는' 근본적인 원인을 다른 사람의 탓으로 돌릴 뿐만 아니라, 자신을 이해하지 못하는 것에 대해 비난하는 자세를 취한다. 하지만 당신이 모르고 있는 사실이 하나 있다. 우리는 지금까지 자기 세상 속에서만 살아왔다. 우리 내면의 생각을 전혀 털어놓지 않는데, 다른 사람이 무슨 수로 우리를 이해하겠는가? 사실 당신은 자신에게 누군가와 친해질 기회를 제대로 준 적이 없다. 이런 의미에서 방법을 다시 배우라는 것이다.

사람들 앞에서 자신의 진심을 적절히 표현하고, 기쁨과 근심을 나누면서 서서히 친밀한 관계를 형성해 나가자. 기회가 없었을 뿐 분명 당신이 할 수 있는 일이다.

둘째, 외로움을 즐길 수 있다. 시끌시끌한 공간에 있을 때도 우리는 혼자 있는 것을 선택할 수 있고, 혼자 있을 때도 자신을 충실하게 채우는 것을 선택할 수도 있다. 독서나 그림, 여행이나 운동 등 당신이 좋아하는 것이라면 모두 외로움을 극복하고 자신감을 키울 수 있는 좋은 수단이다. 이것은 또한 외부 세계와의 관계를 형성하고 의사소통에 용기를 불어넣을 수 있는 방법이기도 하다.

외로움이 느껴질 때 바쁜 시간을 쪼개 여유를 갖고 최근 자신이 얻고 잃은 것에 대해 생각하는 시간을 가져보자. 무엇이 당신의 세상을 아름답게 하고, 무엇이 당신의 마음을 헛헛하게 하는지 돌아보는 것이다. 모든 일이 뚜렷하게 드러나면 좋은 일이든 나쁜 일이든, 경험하는 것은 모두 좋은 재산이 된다는 생각이 들 것이다.

누군가는 삶을 살아갈 때 약간의 외로움이 필요하다고 말한다. 그 말도 맞다. 사람은 혼자 생각하고, 혼자 성장하고, 혼자 살아갈 줄 알아야 하니 말이다. 다만, 외로움이 너무 깊어지면 '나'라는 자각도 없이 블랙홀 같은 커다란 외로움만 있을 뿐이다. 때로는 쉼표를 찍고, 때로는 마침표를 찍으며 외로움을 잘 다스려야 하는 이유다. 우리가 외로움을 대하는 방식이 우리의 삶의 방향을 결정한다.

멀어지는 친구여, 널 어떻게 하면 좋을까

차가운 위로는 필요 없어

"나 너무 속상해. 이제 더 이상 참을 수가 없어! 예전에는 안 그랬는데, 요즘 왜 이럴까?"

친구가 남자친구와 싸우고 당신을 찾아왔다. 이 상황에서 당신은 어떤 위로를 건넬 것인가?

"거봐, 내가 그때 걔 믿지 말라고 했잖아. 말을 안 듣더니, 네가 스스로 자초한 거야."

"널 이해하지만 그래도 네가 참아야지 어쩌겠어."

"고생이다. 그동안 진짜 힘들었을 텐데, 기분 나쁜 일 있으면 언제든 찾아와. 난 네 편이야."

나는 대부분의 사람이 마지막 위로의 말을 선호할 거라고 생각한다. 나머지 두 가지 위로의 말은 왜 적절하지 않은지 숨겨진 의미를 파악해보면 그 이유를 알 수 있다.

첫 번째, 당신은 그녀가 사람 보는 눈이 없고 자신의 의견을 따르지 않았다는 사실을 탓한다. 이는 자신의 예측이 옳다는 것만 내세우는 동시에 친구의 아픈 가슴을 후벼파고 있다. 그 뒤에는 '내 말을 안 들은 건 너야. 지금 그 고생은 네가 당연히 감수해야 하는 거 아니야?'라는 의미가 숨겨져 있다.

두 번째, 당신은 친구에게 그게 무엇이든 선택한 사람이 모두 감수해야 한다고 말하고 있다.

위 두 가지 위로는 겉으로는 친구의 하소연을 들어주는 것처럼 보일지 몰라도 그 속에는 '나랑은 무관한 일이야'라는 냉담함과 비난의 의도가 짙게 묻어난다.

세 번째 위로는 '난 널 많이 아껴, 남자친구가 잠시 널 힘들게 하더라도 나는 널 응원할 거야'라는 분명한 메시지를 전달하고 있다.

위 세 가지 위로를 비교해봤을 때, 당신은 어떤 위로가 상처받은 마음을 더 효과적으로 위로할 수 있다고 생각하는가?

우리는 항상 '알고 있다', '이해한다'라는 말을 입에 달고 살지만, 그 뒤에는 '그럴 줄 알았어', '네가 자초한 일이야' 등의 냉소적인 말들을 쏟아낸다. 왜 그럴까? 사람에게는 자신의 입장과 관점에서 문제를 바라보고 생각하는 습관이 있기 때문이다. 그래서 종종 다른 사람이 표현하는 진짜 의미와 감정을 소홀히 여기곤 한다. 그래서 우리가 위로라고 생각해서 한 말이 가뜩이나 상처투성이인 친구의 가슴에 다시 한 번 대못을 박는 꼴이 돼버리고 만다.

그렇다면 친구에게 위로가 필요할 때 어떻게 냉소적으로 반응하지 않을 수 있을까?

위로를 구하는 사람의 심리적 기대를 이해해야 한다. 지치고 괴로운 사람들은 고양이가 가만히 앉아서 상처를 핥는 것처럼 자신의 고통을 덜어줄 안전한 구석, 친구를 찾아가 위로를 구한다. 이때 분석적이거나 너무 현실적인 말들은 아무리 많이 해도 결코 도움이 안 될 것이다. 지나치게 상황을 분석하다 보면 자기도 모르게 마치 하늘에서 땅을 내려다보듯이 그의 실수를 지적하게 된다. 이는 좌절감에 빠진 그에게 아무런 위로도, 도움도 되지 않는다.

적게 말하고 많이 들어줘라. 당신이 해야 하는 일은 사실 그를 위해 차를 한 잔 준비해주고 잠잠히 그의 넋두리를 들어주는 것뿐이다. 그가 따뜻한 차와 함께 괴로움을 가라앉히면 자연스레 기분도 완화되어 평정심을 되찾을 수 있다.

친구에게 포용과 사랑을 표현한다. 위로를 하면서 가장 중요한 것은 무엇보다 자신의 마음을 터놓고 얘기하는 친구에게 따뜻함과 사랑을 전하는 것이다. 절망에 빠졌을 때 자신이 한결같이 무조건적인 사랑을 받고 있다는 사실을 알게 되면 자기도 모르게 몸 안에 무한한 힘이 생기는 느낌이 든다. 당신이 그와 항상 함께 하겠다는 마음을 전하면, 이러한 힘을 주는 존재가 되어줄 수 있다.

우리는 조물주도 아니고 구원자도 아니다. 힘든 시기를 보내는 친구를 돕는 것은 고통스러운 상황에서 그를 구원하기 위함이 아니다. 사람은 제대로 고통을 겪어낼 줄 알아야 비로소 성장할 수 있다. 우리가 할 일은 친구가 그 시간을 잘 견뎌낼 수 있도록 옆에서 묵묵히 함께 있어주는 것이다.

멀어지는 친구여, 널 어떻게 하면 좋을까

우정에도 유통기한이 있다?

살아가면서 우리는 각양각색의 새로운 친구들을 만나게 된다. 가장 아름다운 학창 시절을 함께 보낸 친구나 일로 만나서 친분을 쌓은 친구, 외로움과 실의에 빠져 있을 때 큰 위로가 되어준 친구도 있다.

그들은 각각 다른 시기에 만났지만 모두 단조로운 우리 삶에 따뜻한 온기를 더해주었고, 저마다 다른 경험을 선사해줌으로써 남다른 의미를 갖게 되었다. 그러나 이렇게 우리 인생에 흔적을 남긴 이들과 시간이 흐르면서 점점 멀어지기도 한다. 당신의 SNS 친구 목록에 여전히 그가 남아 있긴 해도 딱히 연락을 주고받지는 않는다. 그의 SNS 게시물을 보면 온통 당신이 모르는 이야기인 것 같아서 어딘지 모르게 낯설다. 서로 오랫동안 만나지 못해서 그와 당신이 기억하는 모습은 완전히 달라져 있다. 어쩌다 만나게 되더라도 서로 안간힘을 써서 공통 화제를 찾으려 애써야 하는, 말 그대로 골치 아픈 일이 벌어지고 만다.

이렇게 살면서 점점 멀어지는 친구를 어떻게 하면 좋을까? 우정이 사라지게 그냥 둬야 할까? 아니면 우정을 지키기 위해 할 수 있는 모든 일을 해야 할까?

먼저 우리는 모든 우정을 반드시 유지해야 하는 것은 아니라는 사실을 알아야 한다.

우리에겐 다양한 친구들이 있다. 우연히 만난 관계라 원래 친하지 않았기 때문에 **자연스럽게 신경 쓸 필요가 없는 친구**가 있다. 취미가 같고 관점도 같아서 하늘이 두 사람을 갈라놓아 수년간 떨어져 있다가 다시 만나도 친밀한 관계를 유지할 수 있는 **평생의 단짝 친구**도 있다. 살면서 이런 친구가 한 명이라도 있다는 건 정말 행운이고 축하할 만한 일이다.

또, 비슷한 상황에서 만나, 비슷한 문제에 부딪혀 서로 공통 **화제도 많고 성격도 잘 맞는 친구도 있다.** 지난날을 돌아보면 두 사람이 함께여서 더 따뜻하고 눈부셨다. 하지만 지금 서로 다른 궤도에 올라선 두 사람은 예전만큼 만날 시간도 없고, 어쩌다 한 번 만나서 이야기를 나누어도 공통 화제가 없어서 과거 얘기만 할 뿐이다. 그나마도 어색해서 잘 이어지지 않는다. 이런 친구와는 과거의 친밀함을 재현할 수도 없고 그렇다고 이대로 관계를 내버려두기도 아쉽다.

150인의 법칙에 대해 들어본 적이 있는가? 우리에겐 '던바의 법칙Dunbar's Number'으로 익숙한 이 법칙은 인간의 지적 수준에 빗대어 한 사람이 SNS에서 맺을 수 있는 관계의 수를 148명으로 보고 있는데, 일반적으로 이를 반올림하여 150명으로 얘기한다. 이 안에서 더 친밀한 관계는 20명 내외고, 이 수치를 넘어서면 관계를 유지하기가 어렵다고 한다. 그러므로 우리가 끊임없이 새로운 친구를 만날 때 옛 친구와 점점 멀어지게 되는 것은 자연스러운 현상이다. 여기서 우리는 옛 친구를 어떻게 대해야 하는지를 배울 수 있다.

첫째, 편안한 마음을 갖고 '만남이 있으면 헤어짐도 있는 법이다'는 말을 새기도록 한다. 과거의 아름다운 기억 속에 자신을 가두고 '주위의 풍경이나 사물은 그대로인데 사람은 그때 그 사람이 아니다'라고 탄식하기보다는 옛 우정을 간직하면서 새로운 친구를 사귀고 현재를 잘 지내려고 노력하는 것이 낫다.

둘째, 평소 잠깐이라도 시간을 내서 자주 만나지 못하는 친구와 연락을 취한다. 요즘 시대에서 '감감무소식'이란 말은 찾아보기 어렵게 됐다. 우리는 친구의 SNS를 통해서 그의 현재 일상을 볼 수 있다. 업데이트된 그의 소식에 '좋아요'를 누르거나 댓글을 적으면서 소통할 수 있다.

또, 명절이나 특별한 날에 영혼 없는 단체 메시지를 보내거나 모든 사람을 향한 축하 게시물을 올리기보다는 시간을 정해서 옛 친구에게 직접 손편지를 쓰는 것이 좋다. 당신이 아직도 그를 기억하고 있고, 관심을 갖고 있으며, 서로의 우정이 지속되기를 바란다는 마음을 전달할 수 있다.

셋째, 오랜 친구라면 가끔씩 만나는 모임은 여전히 있을 것이다. 지금은 친구와의 생활권이 더 이상 겹치지 않고, 공통된 화제도 모호한 과거에 머물러 있으며, 심지어 지위나 취미, 가치관도 많이 달라져 있을 것이다. 그렇다면 예전 기억에 기댈 것이 아니라 새로운 추억을 만드는 것이 낫다. 그냥 모여서 식사를 하고 얘기를 나누다 보면 어느새 침묵이 흐르고 분위기도 어색해지기 쉽다. 이럴 때는 취미 활동이나 운동 등 같이 어울리고 공감할 수 있는 것들을 함께 하면 새로운 불씨가 되살아나서 우정의 유통기한을 연장할 수 있다.

'네 장미꽃이 너에게 그토록 소중한 이유는 네가 장미꽃에 들인 시간 때문이야.'

《어린왕자》의 한 구절처럼 아무리 진한 옛 우정이라고 해도 마음을 쓰지 않으면 시간이 흐를수록 흐릿해진다.

그리고 때로는 마음을 정리할 줄도 알아야 한다. 살면서 만난 누군가가 함께 하기 힘든 사람이라면 차라리 헤어지는 게 낫다. 이런 만남과 헤어짐은 우리 자신을 한 단계, 한 단계 성장시켜 준다.

그리고 지금 이 순간, 내 옆에 있는 친구도 소중히 해야 한다. 나는 당신이 평생을 함께 할 수 있는 친구를 만나서 외롭지 않은 인생을 살아가길 바란다.

멀어지는 친구여, 널 어떻게 하면 좋을까

'오래' 만나는 것보다 '자주' 만나는 것이 낫다

일부러 떠올리지 않아도 자꾸 머릿속에 맴도는 기억이 한두 개는 있을 것이다.

이를 보여주는 가장 단적인 예가 광고다. 굳이 애써서 광고 카피를 외운 사람은 없지만 '침대는 가구가 아니라 과학입니다', '영어가 안 되면 ○○스쿨' 등의 문구는 귀에 익숙할 것이다. 그 이유는 광고가 TV나 인터넷에 반복적으로 노출되면서 우리에게 깊은 인상을 남겼기 때문이다.

사람의 기억과 관련하여, 여러 번 반복적으로 겪은 경험이 한 번의 긴 시간 동안 겪은 경험보다 기억하기에 더 효과적이라는 이론이 있다. 이러한 기억의 특징 때문에 인간관계에서도 오래 만나는 것보다 자주 만나는 것이 돈독한 관계를 형성하는 데 유리한 것이다.

누군가와 오랫동안 소식을 주고받지 않다가 갑자기 그에게 도움을 청할 일이 생겨서 연락을 하려고 하면 그렇게 난감하고 민망할 수가 없다. 전에 굉장히 친한 사이였다고 해도 오랫동안 왕래가 없어서 서로에 대한 감정도 희미해진 상태이기 때문에 막상 도움이 필요한 상황이라도 선뜻 연락하기가 쉽지 않다. '친한 사람도 오랫동안 왕래를 하지 않으면 소원해진다'는 속담이 있다. 아주 가까이 지낸 사람이라도 오랫동안 만나지 않으면 심리적 거리도 멀어지고, 감정도 소원해져서 낯선 사람과 같아진다.

따라서 상대방과 좋은 관계를 맺으려면 언제든 자주 만나는 것이 좋다. 꼭 오랜 시간을 할애할 필요는 없다. 이렇게 매번 만나는 시간이 짧으면 오히려 서로 다음 만남을 기대하고, 기다리는 시간을 가질 수 있다.

물론, 만나는 빈도는 적당해야 한다. 맹목적으로 자주 만나면 위의 광고 카피처럼 머릿속에 혹은 주변에 자꾸 맴돌아 귀찮고 지루한 존재가 될 수도 있다.

그렇다면 어떻게 하면 자연스럽게 자주 만날 기회를 만들 수 있을까? 이어서 살펴보도록 하자.

첫째, 동창이나 동료, 친구들 모임에 많이 참석해서 노출 빈도를 높여라. 모두 모이는 자리에 초대받으면 반드시 참석하도록 하는데, 모임에 참석할 때에는 충분한 시간을 확보해두길 바란다. 모임 장소에 도착해서 구석에 틀어박혀 조용히 있지 말고 다른 사람들의 이야기를 듣다가 적당한 타이밍에 반응을 보이며 자신의 관점을 얘기해보는 것도 좋다. 기회를 잡았을 때 사람들에게 깊은 인상을 남겨야 한다.

둘째, 잦은 '우연'을 만든다. 누구든 교제하고 싶은 사람이 있다면 함께 하는 지인을 통해 그가 무엇을 좋아하고, 어디서 자주 나타나는지에 대한 정보를 수집한 후에 전혀 예상하지 못한 순간에 그 사람 앞에 나타나라. 이때 상대방과 얼굴을 익히고, 관심사가 같다는 것을 어필하며 대화를 나눠보자. 조금 익숙해지면 식사 약속을 잡아도 좋다.

셋째, 도구의 힘을 빌려라. 정보의 시대를 살고 있는 우리에게 휴대폰이나 인터넷은 삶과 일, 학습에 중요한 도구이자 통로가 되었다. SNS 플랫폼을 이용하여 그의 일상에 공감하며, 특별한 날에는 축하 메시지를 보내자.

대화를 나누는 과정에서는 자신의 장점을 넌지시 드러내면 좋다. 예시로, 상대방이 보고서 쓰는 것을 어려워할 때 당신에게 있는 스킬을 부각시킬 수 있고, 자주 그와 거기에 대해 이런저런 이야기를 나눌 수 있다. 만약 그가 당신에게 관련 지식을 구한다면 직접 만나서 이야기하는 것은 더 이상 불가능한 일도, 어려운 일도 아니다.

멀어지는 친구여, 널 어떻게 하면 좋을까

우정의 시작은 우연, 우정의 소멸은 필연

특별히 한 사람을 즐겨찾기해두거나, 관심친구로 등록해두거나, 그 사람과의 대화창을 열었다가 다시 끄기를 반복해본 적이 있는가?

예전에 가깝게 지내던 친한 친구와 연락이 뜸했다가 다시 연락이 닿았다. 반갑게 몇 마디 인사말을 주고받았는데, 그 이상 할 얘기가 없었던 적이 있는가?

옛 친구 이야기를 하다가 가장 슬픈 순간은, 제삼자에게 "너희들 그때 진짜 친했는데"라는 말을 들었을 때다. 그렇다. 나도 우리가 그 당시에 얼마나 친했는지 너무 잘 알고 있다. 같이 밥을 먹고, 등하교도 같이 하고, 함께 노래를 듣고, 그때 잘 나가던 연예인의 콘서트도 가고, 하얀 셔츠를 입은 학교 '얼짱'을 함께 훔쳐보고, 돈을 모아 함께 해외여행에 가기로 약속했었다.

그런데 지금은 그 모든 게 다 옛날 일 같다. 어떤 우정은 점점 흐려지기만 한다.

우정의 시작은 언제나 신기하다. 우리가 같은 동네에 살기 때문이거나 서로 같이 아는 사람이 있거나, 같은 곳으로 여행을 갔거나, 두 사람 모두 고수를 싫어하는 반면에, 고추는 좋아하기 때문일 수도 있다. 웃음코드가 잘 맞아서일 수도 있다. 앞서도 말했듯 이런 사소한 단서들이 모두 우정의 밑바탕이 된다. 서로 감춰진 비밀을 주고받으며 자신의 흑역사도 털어놓을 수 있는 허물없는 사이였는데 우리는 왜 멀어진 걸까?

나는 이 문제의 원인이 대부분 우리의 성장 특징과 관련이 있다고 생각한다. 우리가 끊임없이 성장함에 따라 우리 주변의 모든 것도 계속해서 변한다. 연령대가 변하고, 취미와 사회적 역할, 인생관과 가치관도 달라진다. 즐겨 듣는 노래만 봐도, 초등학교 때는 가요, 중고등학교 때는 락앤롤, 대학교 때는 팝송이다. 지금은 다시 옛날 노래를 즐겨 듣는다. 친구도 마찬가지다. 한 사람에게라도 작은 변화가 생기면 예전으로 다시 돌아가기가 어렵다.

점점 두 사람 사이에 공통 화제가 없어지고, 이런 상황이 오래 지속되면 어색함만 맴돌다가, 서로 연락하는 횟수가 줄어든다. 어느 날 문득 '정말 친한 친구였는데……'라는 생각이 들 때는 이미 당신에게 새로운 친구가 생긴 후다. 지금의 나와 더 비슷하고, 더 친하고, 공통된 화제가 더 많은 사람이 곁에 있다.

우리도 모르는 사이에 변화하는 것보다 더 어쩔 수 없는 건 우리의 시간과 에너지가 제한적이라는 사실이다. 솔직히 새로운 친구가 왔을 때 옛 친구를 보내는 것은 피하기 어렵다. 달라진 공간과 시간은 모든 감정을 사라지게 만든다. 이사를 가면 자주 친구를 보러 가거나 같이 시간을 보낼 수 없고, 생활 전선에 뛰어들면 더 이상 친구의 삶과 고민을 들어줄 여유가 없다. 또 우리 사이에 어떤 마음의 장벽이나 시차가 생기면 서로가 필요할 때 따뜻한 포옹을 해줄 수 없다.

우리는 우정이 사라지는 것에 익숙해지고 받아들여야 한다. 하지만 나도, 다른 사람들도 '이치는 잘 알겠지만 정말 나를 떠나간다고 생각하면 여전히 받아들이기 힘들다'고 한다. 그렇다. 우정이 사라지면 마음 한구석이 텅 비어 있는 것처럼 느껴진다. 뭘 하고 싶은데 어떻게 해야 할지 모르겠고, 결국 당신과 함께 했던 친구가 당신이 외로움 속에서 배회할 때 버틸 수 있게 해준 힘이었다는 사실을 알게 된다.

당신이 오랜 시간을 지나 마침내 우정의 소멸을 피할 수 없다는 사실을 깨달았다면 겸허히 받아들이면 된다. 아무 일도 없었던 것처럼 평소대로 행동할 필요 없이 자신의 감정과 기억을 돌아보고 즐겁거나 그렇지 않았던 날들을 회상해본다. 그리고 당신 마음속에 아름다운 추억으로 영원히 간직하도록 한다.

마지막으로 나는 우리의 삶을 거쳐간 모든 친구에게 이 말을 전하고 싶다.

사랑하는 친구에게,

비록 우리가 멀어지더라도 너와 함께 보낸 세월은 나에게 더없이 소중한 추억이야.

우리의 우정은 영원할 거야. 너는 영원히 내 마음에, 내 아름다운 기억 속에 자리 잡고 있을 테니 말이야.

멀어지는 친구여, 널 어떻게 하면 좋을까

당신이 친구 목록에서 삭제된 이유

친구의 SNS 친구 목록에서 삭제됐는데 대체 무슨 영문인지 모르겠다고 투덜거리는 댓글을 읽었다.

그는 '이리저리 생각해봐도 내가 뭘 잘못했는지 정말 모르겠어. 얼마 전까지만 해도 분위기가 좋았었는데, 왜 갑자기 이렇게 된 걸까?'라는 의문이 떠나지 않았다.

우리도 한 번쯤 친구 목록에서 삭제되는 경험을 해봤다. 보통 이런 상황이 발생하는 이유는 어쩌다 벌어진 말싸움 때문일 가능성이 크다. 어쨌든 가장 두려운 것은 어느 날 갑자기 아무 이유도, 경고도 없이 친구 목록에서 삭제되고 관계에서 정리당한 자신을 발견하는 것이다.

어쩌면 상대방이 실수로 삭제한 거 아닐까? 그러나 알다시피 목록에서 누군가를 삭제하려면 '두 번의 확인' 과정을 거쳐야 가능하다. 상대방이 조작을 제대로 못해서 그런 것 같지는 않고 아마도 당신 혼자서 일방적으로 '친구'라는 이름으로 인정하고 있었는지도 모른다.

요즘처럼 다양한 방식으로 친구를 만드는 시대에는 누구든 SNS 친구가 될 수 있다. 딱 한 번 만난 낯선 사람이든 일 때문에 만난 고객이든 "SNS 아이디 좀 알려주세요." 한마디면 서로의 친구 목록에 이름을 올릴 수 있다. 평소 연락 빈도나 친분 여부는 전적으로 서로의 이익에 어느 정도 영향을 끼치는지에 달려 있다. 대부분 친구 관계라기보다는 인맥 수준에 그칠 때가 많다.

그래서 기분이 좋지 않은 날에도 고민이나 걱정을 나눌 만한 사람을 찾을 수 없고 아무리 친구 목록을 뒤져봐도 흐릿한 인상만 남아 있는 이름투성이다. 앞으로 연락을 하지 않을 것 같아서 그냥 삭제해버렸는데 공교롭게도 당신도 그중 한 사람이었던 것이다.

이런 '정기적인 정리' 외에도 몇 가지 더 주의해야 할 상황이 있다.

첫째, 당신이 재미없는 사람처럼 보인다. 자신의 SNS를 한 번 살펴보자, 모든 게시물이 힐링 메시지로 도배되어 있지는 않은가? 자신의 감정을 한 문장으로만 표현해놓지는 않았는가? 만약 그렇다면, 상대방이 당신을 따분하고 재미없는 사람으로 생각해서 깊이 고민하지 않고 친구 목록에서 지워버렸을 수도 있다.

둘째, 당신을 버거운 인물이라고 생각한다. 혹시 상대방의 기분을 살피지 않고 내가 궁금한 것만 와다다 물어봤는가? 당신은 친화력 있게 대화를 한다고 생각했을지 몰라도 상대방은 버거웠을 수도 있다. 그런데 이런 상황을 깨닫지 못하고 계속해서 상대방에게 질문을 퍼붓는다면 취조받고 있다는 느낌에 불안함이 생겨 그저 빨리 벗어나고 싶은 마음만 생길 것이다.

셋째, 문화와 지식 차이가 있다. 나뭇잎이 서로 다른 무늬를 갖고 있는 것처럼 우리도 서로 다른 문화와 지식을 갖고 있다.

한마디로 사람의 결이 다른 것이다. 이 결이 맞지 않다는 생각이 들면 사람은 더 이상 가까워지지 않고 멀어지려 한다. 더욱이 다른 사람에게 혹시나 당신이 식견이 짧은 사람으로 비치지 않도록 항상 자신을 가꾸고 내실을 다져야 한다.

넷째, 무반응과 기다리는 시간을 견디기 힘들어한다. 가끔은 자신이 '비굴'해지지 않으려고 목록에서 삭제하는 경우도 있다. 서로 대화를 나눌 때 오랫동안 답장이 오지 않는 경우가 많은데, 시간이 지날수록 상대방의 이도 저도 아닌 미지근한 태도를 견딜 수 없는 나머지, 그냥 '삭제'하는 편이 낫다고 여겨 목록에서 지워버린 것이다.

사실 아무런 이유 없이 친구 목록에서 자신을 삭제한 사람을 신경 쓸 필요는 없다고 생각한다. 왜 삭제했는지 이유를 정확히 묻고 싶거나 관계를 되돌릴 생각이 아니라면 그냥 내버려두는 것이 좋다. 우리도 나름 자존심이라는 게 있지 않은가!

멀어지는 친구여, 널 어떻게 하면 좋을까

서로에게 적당한 거리를 찾는 방법

여러분 중에 나와 비슷한 사람이 있는지 모르겠지만, 나는 별로 친하지 않은 사람과 조금이라도 몸이 닿으면 혐오감과 짜증, 불안함이 밀려오기 때문에 어느 정도 거리를 유지해야 비로소 불편 없이 지낼 수 있다. 이처럼 적당한 거리를 유지하는 것을 심리학 용어로 '고슴도치 효과'라고 하는데, 이는 고슴도치들이 추울 때마다 가까이 붙어서 온기를 나눌 때 서로 찔리지 않도록 일정한 거리를 유지하는 데서 유래한 것이다. 대인관계에서는 '심리적 거리 효과'라고도 한다. 우리가 늘 강조하는 '적당한 거리 두기는 아름답다'는 그저 말뿐이 아니라 확실한 사실이다.

일반적으로 거리는 심리적 거리와 공간적 거리, 시간적 거리로 나눌 수 있는데, 모든 거리 두기마다 서로 다른 결과를 초래한다. 다른 사람과 심리적 거리가 너무 가까우면 자신의 원칙이 무너지기 쉬우며, 다른 사람과 공간적 거리가 너무 가까우면 '개인 공간'을 침범당했다고 느낄 수 있다. 따라서 환경이 허락하는 한 낯선 사람과의 거리는 1m 이상 유지하기를 권한다.

더욱이 다른 사람과 시간적 거리가 너무 가까우면 삶에 심각한 영향을 미칠 수 있다. 예를 들어 친구가 당신의 시간을 공연히 뺏어가면서 함께 있으려고 하면 당신의 일상생활에 지장이 생기고 둘 사이의 감정에도 영향을 미칠 수 있다.

'적당한 거리 두기는 아름답다'가 실현되려면 위의 세 가지 거리를 유지하는 것 외에도 중요한 점이 몇 가지 더 있다.

첫째, 성격 차이를 고려한다. 사람마다 성격이 다르기 때문에 서로 친구 사이인 두 사람도 한쪽은 활발하고 덜렁대고, 다른 한쪽은 내성적이고 예민할 수도 있다. 거기서 또 활발하고, 예민하고의 정도가 나뉘기 때문에 내 친구를 대하듯 모든 사람을 대하면 안 된다.

가장 좋은 방법은 일상생활에서 상대방을 더 많이 알아가는 것이다. 그가 좋아하는 것이 무엇이고, 싫어하는 것이 무엇인지 관심을 갖고 살피며, 어떤 교제 방식이 그에게 가장 편안할지 고민해보는 것이다. 이렇게 심리적, 공간적, 시간적 거리를 조정하고 사람의 성격과 취향 등의 차이를 고려해서 대한다면 누구와도 잘 지낼 수 있을 것이다.

둘째, 다른 사람의 사생활을 존중한다. 우리 마음속에는 자기만의 비밀스러운 세상이 있어서 다른 사람에게 침범당하는 것을 원하지 않는다. 설령 친한 사람이라고 해도 적당한 심리적 공간을 비워놓아야 하며, 그가 말하고 싶지 않은 일에 대해 마음대로 알아보거나 질문해서는 안 된다.

그래서 가끔은 스스로 자기 얘기를 꺼내는 것 자체가 다른 사람과의 거리를 저절로 좁히는 수단이 되기도 한다.

셋째, 포용을 배운다. 우리는 받아들일 수 없는 결점을 가진 친구를 전부 밀어낼 수 없기에 다른 사람의 결점과 잘못을 용납하는 방법을 배워야 한다. 지나치게 트집을 잡으면 오히려 '적당한 거리를 두고 밀어내기'가 될 수 있다.

상대방의 결점이 자신에게 아무런 영향을 주지 않는다면 그에게 시시콜콜 따질 필요가 없음을 명심해야 한다.

'적당한 거리 두기는 아름답다'는 서로 가까이 붙어서 온기를 나누는 고슴도치처럼 너무 멀리 떨어져 있어도 안 된다. 그럼 여전히 추위에 떨게 될 테니 말이다. 그렇다고 너무 가까워서도 안 된다. 그럼 가시에 찔려서 상처를 입게 될 것이다. 그러니 서로에게 적당한 거리에 대해 계속 고민해봐야 하는 것이다.

멀어지는 친구여, 널 어떻게 하면 좋을까

삼각형 우정은 왜 안정적이지 못할까?

대학교에 갓 입학했을 때 나는 두 명의 친구를 사귀었다. X는 룸메이트였고, Z는 학과 동기였다. 그런데 어느 날부터 X와 Z가 가까워지면서 각각이던 관계가 '세 사람'의 관계로 바뀌었다. 처음에는 특별히 불편한 느낌은 없었다. 오히려 셋이 있어서 더 즐거운 것 같았다. 하지만 조금씩 X와 Z의 관계가 더 돈독해지면서, 이 관계에서 나는 마치 깍두기가 된 것 같은 느낌이 들기 시작했다.

함께 외출을 할 때 버스를 타면 2인용 자리가 신경이 쓰인다거나 두 명씩 조를 만들어서 프로젝트를 할 때 이유 없이 두려움이 몰려오기도 했다. 항상 내가 홀로 남았기 때문이다. '우정도 흘러가면서 변화하는 건데, 굳이 여기에 연연할 필요는 없지'라고 스스로 물러나려고 해봤지만, 그렇다고 '혼자 남는 것'에 대한 두려움을 완전히 극복한 것도 아니었다.

삼각형은 세상에서 가장 견고한 도형이라던데, 왜 우정에는 그 법칙이 적용되지 않는 것일까? 사실 인간관계는 일대일이 원칙이다. 여러 사람이 있어도 진짜 관계를 맺기 위해서는 한 명씩 차근차근 알아갈 수밖에 없다. 그리고 그중에서 좀 더 잘 통하는 사람이 있기 마련이다. 세 사람의 관계에서도 마찬가지다.

세 사람의 관계에 잘 적응하지 못하는 사람은 이런 관계성을 받아들이지 못하고 안정감을 잃어버린다. 그리고 결국 자신이 필요 없는 존재라고 단정짓고 물러나고 만다. 나는 이 마음을 100% 이해한다. 두 사람이 더 친할 수도 있다는 전제를 머리로는 이해해도 가슴은 아픈 게 당연하다.

특히 감수성이 예민한 사람의 경우에는 상처를 받아 다음과 같은 실수를 저지르기도 한다. 이를테면 세 사람 중 두 사람이 마주 보고 웃을 때 곧바로 말도 안 되는 상상을 펼치는 것이다. '저 두 사람이 왜 웃지? 나한테 뭔가 숨기고 있는 거 아니야? 왜 나에게는 아무 말도 안 해주는 거야? 날 친구로 생각하지 않는 게 틀림없어!' 이렇게 부정적인 감정에 휩싸여서 결국 관계를 망치는 것이다.

'세 사람의 우정이라고 하면 어떤 느낌이 드는가?' 이 주제를 가지고 커뮤니티에서 열띤 토론이 벌어졌던 적도 있다. 불과 몇 시간 만에 10만 개가 넘는 댓글이 달렸는데, 몇 가지만 소개해보자면 이렇다.

"가끔 세 사람이 친한 경우를 보면 두 사람은 서로 장난치며 즐거워하고 나머지 한 사람은 웃는 척하면서 가만히 있어요."

"가족끼리만 허락되는 관계 같아요. 우정은 불가능해요. 사랑은 더 안 되고요."

"커피 한 잔을 사면 한 잔을 더 줄 때가 있잖아요. 그럼 세 번째 사람은 어떻게 해요?"

모니터 너머로 사람들이 어떤 허탈함과 무력감으로 이런 이야기를 털어놓았을지 상상이 간다. 나 또한 말 그대로 '세 사람의 우정은 버겁다'를 몸소 경험해봤으니 말이다.

심리학자 윌리엄 슈츠William Schutz에 따르면, 인간에게는 대인관계에 대한 세 가지 욕구가 있다고 한다. 소속욕구Inclusion와

통제욕구Control, 정서욕구Affection가 그것이다. 이 세 가지 욕구에 따른 행동을 분류하자면, 자신의 욕구를 직접 표출하는 표출행동Expressed과 자신의 욕구를 다른 사람이 해주기를 바라는 기대행동Wanted이다.

기대행동은 상대방이 자신을 받아주고, 친밀한 사이가 되기를 기대하지만 정작 실제로는 움츠러들고 외로워하는 것이다. 세 사람의 우정 가운데서 물러나는 쪽을 택하는 사람이 여기에 해당한다. 사실 우리는 항상 다른 사람이 먼저 잘해주기를 바라곤 한다. 다른 사람이 나를 중요하게 생각한다는 느낌을 주는 관계여야 안정감을 느낀다. 그러나 안정감은 다른 사람이 줄 수 있는 게 아니라 우리 스스로 취하는 것이다.

우리는 다른 사람에게 잘 대해줄 때 그 사람도 나에게 잘 대해주고, 심지어 나보다 더 잘 대해줘야 한다고 생각한다. '나는 그를 친구로 생각하니까 그 사람도 나를 친구로 생각하고, 나하고만 놀아야 해'라는 심보를 가진다. 우리는 다른 사람을 위해 무엇을 해야 할지 결정할 수 있지만, 다른 사람에게 나를 위해 반드시 무엇을 해야 한다고 강요할 수는 없다. 내가 상대방에게 모든 비밀을 털어놨다고 해서 상대방도 똑같이 모든 비밀을 털어놔야 하는 것은 아니다. 그러므로 인간관계에서는 어떠한 필수적인 신념이나 요구사항을 갖지 않는 것이 좋다.

'상대방이 나에게 솔직했으면 좋겠다', '상대방이 내 감정에 관심을 가져줬으면 좋겠다' 등 바라지만 말고, 내가 먼저 그런 사람이 되도록 노력하자. 거기에 집중하면 상대방이 우리가 원하는 대로 하지 않아도 지나치게 부정적인 감정이 생기지 않는다. 우정 또한 사랑처럼 인연이라는 게 있다. 만약 당신이 최선을 다해 노력했지만 좋은 관계를 이루지 못했다면, 더는 붙잡고 있지 말고 놓아줘라. 그것이 다른 사람과 잘 지내기 이전에 나 자신과 잘 지내는 방법이다.

함께 있어도 외로운 사람을 위한 심리수업 7

'No'라고 말할 줄 알면 삶이 편안해진다

이제부터 '내 인생은 내 인생, 다른 사람의 인생은 다른 사람의 인생'이라는 경계를 확실히 하자. 할 수 있는 일과 없는 일도 제대로 구분하자. 내가 할 수 없는 일은 다른 사람을 실망시키더라도 할 수 없다고 해야 한다.

'No'라고 말할 줄 알면 삶이 편안해진다

다른 사람을 실망시키는 것을 두려워하지 마라

우리는 왜 누군가를 실망시키는 것을 두려워할까? 어린 시절 우리는 다른 사람을 잘 돕는 사람이 되라는 가르침을 받으면서 자랐다. 그것이 거의 강요에 가까웠기 때문에 우리의 인식에는 모든 도움을 반드시 만족시켜야만 한다는 전제가 깔려 있다. 이 때문에 상대방이 누구든, 그 요구가 합리적이든 아니든, 자신에게 그를 도와줄 능력이 있든 없든, 객관적인 상황을 전혀 고려하지 않고 무작정 돕는다. '다른 사람의 도움을 저버리지 않는다'는 신념이 오히려 크나큰 심리적 압박으로 다가오는 것이다.

최근 친구가 내 SNS에 댓글을 남겼는데, 별로 하고 싶지 않은 일이지만 다른 사람의 부탁을 거절하기가 힘들어 어쩔 수 없이 해야 한다는 내용이었다. 만약에 자기가 거절하면 그 사람이 실망할 게 뻔하고, 자신도 죄책감을 느낄 것 같으니, 그럴 바에는 그냥 하겠다는 것이다. 이는 비단 내 친구만의 문제가 아닐 것이다. 우리는 인간관계에서 자신의 상냥한 모습만 보여주고 싶어 하고, 그것으로 인정과 칭찬을 받길 원한다. 그러한 상대방의 인정을 통해 스스로의 가치를 평가하는 경우가 부지기수다.

인간관계에서 다른 사람이 우리를 어떻게 평가하는지는 사실 중요한 문제이긴 하다. 하지만 그것에 너무 얽매이면 스스로가 너무 힘들다. 애초에 모든 것을 100% 만족시킬 순 없기 때문이다. 내가 말해주고 싶은 건, 다른 사람을 실망시키는 일이 그렇게 큰일이 아니라는 것이다. 오히려 더 이상 무리하지 않아도 된다는 자유를 얻을 수도 있다.

모든 사람은 자신의 인생을 책임져야 한다. 이를 바탕으로 사람과 사람 사이의 경계가 존재한다. 어떤 것은 자신이 책임져야 할 부분이고, 또 어떤 것은 다른 사람의 도움을 구해야 할 부분이다. 상대방이 실망할까봐 두려워하는 사람은 자세히 보면, 다른 사람의 삶에 너무 깊숙이 개입해 있다. 자신의 삶에 집중시켜야 할 에너지가 다른 사람의 삶에 투여되고 있다. 그래서 그 책임까지 대신 떠맡고 있는 것이다. 이제부터 '내 인생은 내 인생, 다른 사람의 인생은 다른 사람의 인생'이라는 경계를 확실히 하자. 할 수 있는 일과 없는 일도 제대로 구분하자. 내가 할 수 없는 일은 다른 사람을 실망시키더라도 할 수 없다고 해야 한다. 그래야 내 인생을 온전히 살아내는 데 집중할 수 있다.

'No'라고 말할 줄 알면 삶이 편안해진다

더 이상 참을 수 있을 때까지 참지 않는다

며칠 전 친구가 이런 하소연을 했다. 대학원 진학을 준비 중인 그녀는 요즘 도서관에서 하루 종일 책과 씨름하느라 신경쇠약에 걸릴 지경이었다. 저녁 무렵, 이만 쉴 생각으로 집으로 향했는데, 한창 웹드라마에 푹 빠져 있던 그녀의 룸메이트가 문제였다. 모든 장면마다 자기가 주인공의 대변인이라도 되는 것처럼 흥분을 감추지 못하고, "그건 아니지!", "얼른 붙잡아!"라고 소리쳐대는 통에 친구는 한잠도 자지 못했다.

다음 날 공부를 할 때나 일을 할 때도 룸메이트의 목소리가 귓가에서 맴도는 것 같아 너무 괴로웠다. 휴식이 필요하거나 잠을 자야 할 때도 여전히 시끌벅적했다. 그래서 화가 나기도 하고 답답한 마음을 나에게 전한 것이다. 친구는 내게 이렇게 물었다.

"걔는 서로 꼭 얼굴 붉히는 상황이 되어야만 아는 건지, 그냥 나 때문에 재가 불편할 수도 있겠구나, 생각은 못 하는 거야?"

사실 우리가 다른 사람을 참아주는 이유는 한마디로 관계를 악화시키고 싶지 않아서다. 하지만 인내심에는 한계가 있기에 무조건 참는다고 능사가 아니다. 자신이 정말 참을 수 없어서 폭발하는 순간이 오기 전에 미리 적절한 방법을 쓴다면 서로 감정이 상하는 일 없이 해결할 수도 있다.

상대방에게 말할 때는 완곡하게 표현하도록 하자. 당신이 짜증이나 화를 낸다면 그를 아주 불편하게 할 것이고, 잠시 그 행동을 멈추기는 하겠지만 얼마 지나지 않아 다시 반복할 수도 있다. 문제는 해결되지 않은 채 관계만 악화될 뿐이다.

따라서 상대방에게 당신의 상황과 감정을 부드럽게 알려주면서 말해야 한다. "나 오늘 너무 피곤해서 일찍 쉬고 싶은데 볼륨 좀 줄여줄 수 있을까?", "나 오늘 밤에 기획서 쓸 게 있어서 밤새야 할 것 같은데, 불편하겠지만 이어폰 껴줄래?" 등 당신의 상황을 설명하면 이해를 얻을 수 있다.

또, 아주 근본적으로는 다른 사람에게서 문제를 찾는 습관을 버려야 한다. 이를테면 당신이 요즘 중요한 일을 앞두고 한껏 예민해져 있는 탓에 괜히 상대방의 행동이 거슬릴 수도 있는 것이다. 사람은 불안하고 짜증이 나면 주위 사람에게 화풀이를 할 때가 있다. 이와 같은 잘못을 저지르지 않으려면 매 순간 자신의 감정을 세밀하게 살피며 그 원인을 밝혀내야 한다.

요즘 들어 당신을 흥분하게 하거나 걱정시키는 일을 떠올려 보자. 그러면 그토록 짜증스러웠던 상대방의 행동이 부차적인 원인일 뿐이라는 것을 깨닫게 된다. 자신의 부정적인 감정만 잘 처리하면 되는 일인데, 상대방을 탓해선 안 된다.

나는 개인적으로 우리 사회가 인내심을 좋은 품성으로 여긴다고 해서, 그에 따라 참을 수 있을 때까지 참을 필요는 없다고 생각한다. 인내심은 분명 한계가 있다. 그 한계가 넘어가기 전에 문제를 해결하고, 감정을 잘 소화할 수 있는 지혜가 필요하다.

'No'라고 말할 줄 알면 삶이 편안해진다

당신이 그에게 너무 잘해줬기 때문이다

"내가 이렇게 잘해주는데, 왜 그는 점점 멀어지는 걸까?"

아마 많은 사람이 이런 고민을 하고 있을 것이다. 그가 도움을 필요로 할 때 한 번도 거절한 적이 없고, 심지어 나도 급하게 처리할 일이 있었는데도 무릅쓰고 먼저 도와주기까지 했다. 그런데 어찌된 일인지 그와의 관계는 더 멀어진 것이다. 살다 보면 당신의 호의를 당연하게 생각하는 사람도 있다. 처음에는 작은 도움을 부탁하다가 어느새 명령으로 변하고, 결국 그가 일을 지시하기까지 하는, 주객전도에 놓일 수도 있다. 이런 상황이 발생하는 원인은 사실 이해하기 어렵지도 않다. 그저 당신이 상대방에게 너무 잘해줬기 때문이다.

심리학 이론에 따르면, 사람은 시장에서 상품과 재화를 교환하는 것으로 균형을 이루듯이 인간관계에서도 비슷한 균형을 이루기를 원한다고 한다. 만약 받은 것이 큰데 보답할 수 없거나 보답할 기회가 없다고 느껴지면 알 수 없는 미안함에 사로잡히게 되고, 이것이 오랫동안 지속되면 심리적 부담으로 작용해서, 오히려 상대방으로부터 멀어지는 쪽을 선택하게 된다는 것이다. 당신이 상대방을 여러 번 도와줬음에도 불구하고 오히려 두 사람 사이가 예전 같지 않은 이유가 될 수도 있다.

그러므로 인간관계에서도 보류하는 법을 배워야 한다. 처음 사회생활을 시작한 사람이 쉽게 저지르는 실수 중 하나는 다른 사람의 요청을 무조건 승낙한다는 것이다.

이렇게 좋은 마음으로 계속 요청을 들어주면 관계가 친밀해지고 끈끈해질 것 같아도 전혀 그렇지 않다. 당신은 무조건 주는 입장으로, 상대방은 무조건 받는 입장으로 균형을 잃어버리고 만다. 결국 나중에는 둘 다 부담을 느낀다. 그렇기 때문에 사람들과 관계를 맺을 때는 적절하게 요구할 줄도 알아야 한다. 당신이 이번에 다른 사람을 도와주었으면, 다음에는 당신이 그에게 도움을 요청하자. 주고받아야 두 사람의 관계가 더 오래 지속될 수 있다.

'좋은 일을 9번 하다가 1번 안 하면, 좋은 사람이 아니다. 나쁜 일을 9번 하다가 1번 안 하면, 좋은 사람이다'라는 말이 있듯이, 당신이 상대방에게 여러 차례 도움을 주다가 어쩌다 하루 도움을 주지 못했다면, 이 일로 그는 당신에게 불만을 품을 수 있다.

이미 관계 설정이 '당신은 도움을 주는 사람', 상대방은 '도움을 취하는 사람'으로 되어버렸기 때문에 당신이 먼저 그 원칙을 깨뜨린 것이 되어버린다. 당신이 항상 누군가에게 과도한 도움을 주고, 그것이 오랫동안 지속되어 왔다면, 어쩌면 상대방은 이런 호의와 도움을 일종의 습관처럼, 당신이 당연히 해야 하는 일로 여길지도 모른다. 그러니 항상 균형을 지키려고 노력하자.

부부 간에도 마찬가지다. 아내가 남편에게 너무 잘해주고, 살뜰하게 챙겨주고, 모든 일을 남편에게 맞춰주면, 오히려 남편은 아내의 이런 헌신을 가벼이 여길 수 있다. 너무 쉽게 얻은 것은 너무 쉽게 생각해버리기 때문이다. 특히 애정관계에서는 이러한 균형이 더욱 중요하다. 서로가 같은 마음으로 만나면서 한 사람은 무조건 주고, 다른 한 사람은 무조건 받는 관계는 바람직하지 않다.

직장에서도 똑같이 월급 받고 일하는데, 당신이 왜 무조건 누군가의 뒷수습을 감당해야 하는가? 당신이 누군가를 도와줬다면 다음번에 당신도 도움을 요청할 권리가 있는 것이다. 그리고 자신의 업무로 바쁘다면 과감하게 'No'라고 거절할 수 있어야 한다. '어쨌든 동료니까 도와줘야지'라는 생각은 접어둬라. 여기서 주의할 점은 절대로 제삼자를 개입시켜서는 안 된다는 것이다. 제삼자의 입을 빌린 거절은 나약한 자신의 모습을 드러내는 것일 뿐만 아니라 근본적인 문제 해결이 아니다. 매번 제삼자를 부를 수도 없지 않은가.

여전히 습관적으로 베풀고, 거절하는 것을 어려워하는 사람이 많다. 거절하는 방법을 가르쳐주는 책까지 나오니까 말이다. 우리가 거절하는 방법을 알아야 하는 이유는, 다른 누구도 아닌 나를 위해서다. 거절에 주저하지 말자.

'No'라고 말할 줄 알면 삶이 편안해진다

거절해야 할 때는 분명히 거절한다

살다 보면 종종 이런 난감한 상황을 맞닥뜨리게 된다. 다른 사람의 부탁을 들어주기 싫은데 차마 거절할 수는 없고, 결국 어쩔 수 없이 무리하게 약속을 이행하느라 고생길을 자초한다. 여기서 나는 먼저 '자신이 다른 사람을 거절했다'는 사실에 대해 절대 미안해할 필요가 없다는 것을 명확히 하고 싶다.

거절이라는 행위는 사실 인간의 본능에 어긋난다. 사람은 군집 동물로, 진화 과정에서부터 다른 사람과 잘 협력하고, 호감을 얻는 자만이 살아남았다. 생존을 위해 뇌는 '거절 행위를 줄이기 위한 체제'를 만들었고, 그것이 오늘날까지 이어져온 것이다. 우리는 모두 직장에서든 일상에서든 '환영받는 사람'

이 되길 원한다. 바꿔 말해 다른 사람에게 미움받지 않으려고 노력하는데, 그래서 부탁이나 요청을 잘 거절하지 못하고 응할 수밖에 없다.

그러나 시대의 흐름상 사회적 분업이 점점 명확해지면서, 군집 동물과 같은 집단 의존성은 급격히 약화되고 있다. 동시에 우리의 자의식은 점점 강해지고, 사람과 사람 사이의 경계도 뚜렷해지고 있다. 이러한 상황에서 다른 사람의 요청은 우리의 내면과 더 많은 충돌을 일으킬 것이다. 따라서 잘 거절하는 방법을 깨우치는 것이야말로 지금 우리에게 꼭 필요한 요소다. 지금부터 그 방법에 대해 알아보도록 하자.

누구에게든 먼저 충분한 존경심을 보여야 한다. 사람을 불편하게 하는 것은 거절하는 행위 자체가 아니라 거절할 때의 태도와 말투인 경우가 많다. 다른 사람의 요청을 거절할 때는 적당히 곤란한 말투와 표정을 보이는 것이 가장 좋다. 당신이 상대방의 요청에 응하고 싶지만, 그럴 만한 능력이 없다는 것을 보여주면 원망을 사지 않을 수 있다.

만약 당신이 파티에 초대받았는데 별로 가고 싶지 않다면, 거절하면서 참석하지 못하는 것에 대한 안타까움을 충분히 표현해야 하는 것이다.

"아이고, 정말 가고 싶은데 너무 아쉽다. 나 대신 친구들한테 안부 좀 전해줘. 못 가서 정말 미안해."

이유를 분명히 한다. 그러면 상대방이 쉽게 상황을 이해할 수 있다. 필요하다면 거짓말을 해도 좋다. 그러나 일단 거짓말을 하기로 결심했다면 상대방에게 들통나지 않도록 이후 행동을 조심해야 한다.

대체 방안을 제시한다. 누군가 당신에게 일자리를 찾아달라고 부탁했을 때 그 부탁을 거절하면서 채용 사이트를 추천해주거나 그를 더 잘 도와줄 수 있는 사람을 추천한다. 상대방에게 새로운 방안을 제시하면, 당신이 어느 정도는 그를 생각하고 도와준 것이기 때문에 고맙게 생각할 것이다.

거절한다고 해서 당신이 예의가 없다거나 호의적이지 않다는 의미는 아니다. 당신에게도 우선적인 업무와 필요가 있기 때문에 거절할 때는 분명히 거절해야 한다. 'No'라고 말하는 것은 당연한 권리다. 다른 사람의 요구에 휘둘리다가 정작 자신의 일을 저버려서는 안 된다.

'No'라고 말할 줄 알면 삶이 편안해진다

선 넘는 사람 대처법

눈코 뜰 새 없이 바쁜 당신, 동료는 그런 당신을 아는지 모르는지 계속해서 부탁을 해온다.

"이거 보고서 쓰는 것 좀 도와줘. 1시간이면 충분하지?"

한창 시험을 앞두고 정신없을 때 친구가 다가와 한마디를 건넨다.

"야, 지금 복습해서 뭐해? 늦었어, 그만하고 쇼핑이나 가자!"

이렇게 당신의 입장을 헤아리지 않고 자기의 요구사항을 강요하는 사람들이 있다. 무언가에 몰두하고 있을 때 불쑥 비집고 들어와 집중을 깨뜨리는 것은 물론, 자신의 생각과 요구에

휘말리게 한다. 이런 일을 당할 때는 왠지 모를 불쾌감에 버럭 화를 내고 싶기도 하다. 왜 그럴까?

사람은 저마다 '자기경계'라는 것이 있다. 자기경계란 우리가 세운 신체적, 감정적, 정신적 경계를 말한다. 쉽게 말하자면 각자가 지닌 '선'이다. 이 선을 경계로 다른 사람의 제어와 이용, 침범으로부터 스스로를 보호하고, 관계에서 우리가 용인할 수 있는 한계와 원칙들을 설정한다. 문제는 다른 사람들이 이러한 선을 넘었을 때 생기는 것이다.

우리에겐 스스로를 보호할 권리가 있고, 다른 사람을 거부할 권리도 있다. 자기경계를 세우는 과정은 사실 자기정체성을 세우는 과정이기도 하다. 분명하고 확고한 자기경계가 있어야만 다른 사람들의 존중을 받을 수 있다. **따라서 그 무엇보다 자신의 욕구와 감정이 더 중요하다는 것을 명심하자.**

우리는 항상 가족이나 친구, 심지어 낯선 사람들의 감정을 고려하도록 강요받으면서 자라왔기 때문에 자신의 감정을 우선시하는 것이 어색하기도 하다. 남들이 보면 이기적이라고 할 수도 있지만 그래도 자기 자신이 우선이어야 한다.

사회적 통념에 따라 다른 사람을 위해 자신을 포기한다고 해서 그들이 당신을 좋아하고 존중하리란 보장은 없다. 예를 들어, 동료가 보고서를 만들어달라고 하면 솔직한 마음으로는 해주고 싶지 않지만 어쩔 수 없이 도와줬다고 해도, 그가 당신에게 고마워하는 것은 아주 잠깐이다. 다음에 일이 생기면 당신에게 도움을 요청해야겠다는 생각부터 한다.

당신이 어떤 행위를 용납할 수 없는지 명확히 하고, 상대가 선을 넘었다고 생각하면 차분한 어조로 상대에게 직접 말해보자. 누군가 당신의 경계를 침범하는 요구를 했다면 화를 내는 것도 아주 좋은 방법이다. 이건 속이 좁고, 안 좁고 혹은 농담을 받고, 안 받고의 문제가 아니다. 그렇다고 해서 노발대발하며 상대방을 비난하고, 불쾌하게 하라는 것이 아니라 상대방이 선을 넘었다는 사실을 일러주라는 것이다.

한편, 자기경계를 세울 때 유의할 점이 있다. 어디에 기준점을 두느냐에 따라 건강한 자기경계의 범위가 나뉜다. 그렇다면 건강한 자기경계란 무엇일까? 또, 건강하지 않은 자기경계란 무엇일까?

먼저 건강하지 않은 자기경계는 다른 사람의 감정과 행동에 책임을 지고, 자신의 감정과 행동에 타인의 반응을 기대하는 것이다. 이런 사고를 가진 사람은 항상 다른 사람의 욕구와 감정을 자신의 것보다 더 중요하게 생각한다. 다른 사람의 요구를 거절하면 자신의 기분이 나빠지거나 죄책감을 느낀다. 다른 사람에게 냉대를 당했을 때도 그저 울분을 삼킬 뿐이다. 늘 다른 사람의 평가로 자신을 정의한다.

건강한 자기경계는 자신의 감정과 행동에 대해 책임질 뿐 다른 사람의 것은 책임지지 않는다. 자신의 선택에 대한 결과를 겸허히 받아들이고, 다른 사람도 스스로 책임을 질 수 있도록 유도한다. 이것이 바로 나를 지키고 다른 사람도 존중할 수 있는 선이다.

'No'라고 말할 줄 알면 삶이 편안해진다

'미안해요'를 '고마워요'로 바꾸기

친구랑 쇼핑을 하러 갔는데, 반나절이라는 짧은 시간 동안 '미안하다'는 말만 대여섯 번을 들은 것 같다. "미안해, 오래 기다렸지", "못 도와줘서 미안해요", "어, 죄송한데요. 음식이 다른 게 나왔어요."

학교 다닐 때는 자신감 넘치던 친구였는데, 지금 왜 이렇게 '미안하다'는 말을 입버릇처럼 달고 있는 걸까? 그녀는 그렇게 하면 겸손하고 예의 바른 사람처럼 보이고, 다른 사람의 호감을 사기 쉽다고 대답했다. 과연 정말 그럴까?

일반적으로 '미안합니다'는 사과의 표현으로, 우리가 다른 사람에게 실례를 범했거나 잘못했을 때 서로의 관계를 완화시키기 위해 사용하는 말이다. 불필요한 폐를 끼치거나 제안을 거절하고 반대할 때도 '미안하다'는 입장을 내비친다. 그리고 가끔은 내 친구처럼 '미안하다'는 말을 통해 감사를 표하고 도움을 요청할 수도 있다. 일반적으로 낯선 사람이나 종업원, 공공장소에서 주로 사용한다. "죄송한데, 이것 좀 리필해주세요", "죄송한데, 화장실이 어디죠?"처럼 말이다.

그러나 아무리 겸손하고 예의 바른 방식이라고 해도 모든 사람이 다 그 의도대로 받아들이지는 않는다. 당신이 '미안하다' 혹은 '죄송하다'고 했을 때 정말로 미안하고 죄송한 짓을 했다고 생각해버리는 것이다. 뿐만 아니라 소심하고 저자세인 사람으로 얕잡아보기도 한다. '미안하다'의 자리에 '고맙다'를 넣어보면 이런 불편한 전제를 떨쳐버릴 수 있다.

"이 상품의 가격이 가격표와 달라서요. 한 번 더 체크해주시겠어요? 감사합니다!"

"주문한 지 오래됐는데 음식이 아직 안 나왔어요. 확인해주실 수 있나요? 감사합니다!"

이렇게 표현하면 주가 되는 것은 우리의 욕구이다. 적극적이지만 예의 바르게 요구사항을 전달하는 것이다. 더욱이 감사의 표현은 다른 사람의 행동의 가치를 인정하는 것이기 때문에 더 쉽게 받아들여진다. 약속에 늦었을 때 "인내심을 갖고 기다려주셔서 감사합니다"라든가, 실수했을 때 "이해해줘서 고마워"라고 말해보자.

인간관계에서 긍정적인 면을 더 자주 활용하면 관계 또한 좋은 영향을 받는다. 그러니 당신과 그가 무슨 관계든 '미안하다' 대신 '고맙다'로 말해보면 어떨까?

당신이 습관적으로 미안해하는 사람인 것보다 습관적으로 고마워하는 사람인 것이 상대방도 더 즐거울 것이다.

'No'라고 말할 줄 알면 삶이 편안해진다

나, 당신, 우리 모두를 위한 이야기

당신의 의견이 다수의 의견과 다를 때 당신은 어떻게 하는가? 용감하게 의견을 표출하는가, 아니면 조용히 의견을 접는가? '다들 그렇다니까 나도 따라야 할 것 같아'라고 생각하는 사람이 적지 않을 거라 확신한다. 대부분은 이와 같은 상황에서 다수의 의견을 따른다. 그 이유는 우리 인간이 함께 살아가면서 유기적인 관계를 이루는 군집 동물이기 때문이다. 다수의 의견이 압도적인 틈바구니에서 자신의 의견을 고집하기란 힘든 일이다.

《군중심리》의 저자 귀스타브 르 봉Gustave Le Bon은 한 집단 내에서 발생하는 모든 감정과 행동이 저마다의 감염성을 지니고 있다고 했다. 어느 날 집단으로부터 고립당한다고 생각해 보자. 기분이 어떻겠는가? 두렵지 않겠는가? 이러한 두려움이 무의식중에 내재돼 있어서 다수의 의견에 따르게 되는 것이다. 하지만 계속 이런 행동을 반복하다 보면, 자신의 판단능력을 상실하고, 생각하는 것 자체를 그만두게 된다. 많은 사람이 "다른 사람들과 같은 일을 하기로 결정하고 나니 훨씬 자유로워진 것 같다"고 말하곤 한다. 사람들과 나란히 걷기 위해, 그 안전함과 안락함을 위해 포기해버리는 것이다.

한 가지 물어보고 싶은 것이 있다. 당신은 정말 오버사이즈 스웨터와 와이드 팬츠가 예쁘다고 생각하는가? 나는 모든 사람이 다 좋아하는 건 아닐 거라고 생각한다. 그런데 왜 서로 구매하려고 안달이 난 걸까? 바로 '유행' 때문이다.

만약 내가 "나는 별로인 것 같은데"라고 말하면, 사람들에게 "너는 유행이 뭔지 몰라" 하고 타박을 들을지도 모른다. 이는 비단 패션에만 해당하지 않는다. 사람은 자신의 속마음을 털어놨을 때 비난을 받는 것을 피하고 싶어 한다. 그래서 차라리 속마음을 털어놓지 않고 마음이 편한 쪽을 택한다.

또한, 우리 모두 가장 쉬운 방법으로 문제를 해결하기를 바라기 때문에 불확실한 상황에 직면했을 때 오류의 위험이 가장 적은, 다수의 의견에 편승하는 것이다. 예를 들어, '해수가 오염되면 소금 사는 일은 꿈도 못 꾼다'는 식의 괴담이 나돌면, 그 괴담의 진실에 대해 생각하기보다 우르르 몰려가 사재기를 하는 것을 택한다. 그러면 설사 잘못됐다 하더라도 그 과오를 함께 떠안는 사람이 많기 때문이다.

대세를 따르는 것은 필요한 일일까? 아닐까? 정말 정의하기 어렵다. 가끔은 우리가 문제를 더 빨리 해결하는 탁월한 방법이 될 수 있지만, 반대로 우리의 생각을 말살하고 주관 없이 따르도록 종용할 때도 많다. 나는 다수를 따르는 일에 대한 절대적인 맹종은 안 된다고 생각한다. 그러려면 옳고 그름을 분별하는 능력을 갖춰야 한다. 훌륭한 사람들을 찾아가서 그들의 권고를 기꺼이 받아들이되, 맹목적으로 휩쓸려가지 않고, 자신의 원칙을 지키도록 한다.

요즘 시대의 인간관계는 무의미한 다수와의 관계보다 중요한 소수와의 관계가 중요시되고 있다. 나는 여기에 적극 동의한다. 당신도 자신의 원칙을 지키며, 자신에게 중요한 한 사람, 한 사람에게 더 충실하면 좋겠다. 그들과 더욱 친밀함을 쌓아가고 돈독해지는 것이 훨씬 더 가치 있는 일이다.

에필로그

레몬의 애정 어린 한마디

사랑하는 여러분,

먼저 이 책을 끝까지 읽어주셔서 감사합니다.

저와 함께 하면서 조금이라도 즐거우셨는지 모르겠네요.

어느덧 전국 각지에 있는 여러분과 소통한 횟수도 벌써 8억 회가 넘었고, 현재 저와 함께 하고 있는 친구도 이미 500만 명이 넘었습니다. 저는 당신도 우리와 함께 가족이 될 수 있기를 바랍니다.

우리는 각자 속한 곳에서 매일매일 다양한 문제들을 직면하게 됩니다. 예를 들어 이런 것이지요.

'부모님이 자꾸 결혼하라고 잔소리를 하세요.'

'소개팅남이 제가 마음에 안 든대요.'

'저 사람이 정말 저를 좋아하는 걸까요?'

'오늘은 정말 너무 외로워서 혼자 밥 먹기 싫은데, 친구 목록

을 아무리 뒤져봐도 연락할 사람이 없네요.'

'말하기도 싫고, 누굴 만나기도 싫어요.'

'가슴이 텅 빈 것처럼 삶의 활력을 모두 잃어버린 것 같아요.'

'다른 사람의 부탁을 거절하면 오히려 제 마음이 힘들어요.'

'작은 일에도 부르르 화가 나요. 그래서 항상 다른 사람에게도 나 자신에게도 상처를 줘요.'

'아이들이 말을 너무 안 들어서 화가 나요.'

걱정하지 마세요. 제가 당신 마음을 잘 알아주는 대나무 숲이 되어드릴게요.

기꺼이 당신의 지원군이 되어, 당신과 함께 행복을 누리고, 천천히 변화할 것입니다.

레몬은 영원히 당신을 사랑합니다.

함께 있어도
외로운 사람을 위한 심리수업

초판 1쇄 발행 2021년 7월 12일
초판 2쇄 발행 2021년 8월 11일

지은이 | 레몬심리
옮긴이 | 박영란
펴낸이 | 임종관
펴낸곳 | 미래북
책임편집 | 최민지
본문 디자인 | 디자인 [연:우]
등록 | 제 302-2003-000026호
본사 | 서울특별시 용산구 효창원로 64길 43-6 (효창동 4층)
영업부 | 경기도 고양시 덕양구 화정로 65 한화오벨리스크 1901호
전화 02)738-1227(대) | 팩스 02)738-1228
이메일 miraebook@hotmail.com

ISBN 979-11-88794-86-7 (03180)

값은 표지 뒷면에 표기되어 있습니다.
잘못된 책은 구입하신 서점에서 바꾸어 드립니다.